U0147739

≡ 昌明文庫・悅讀國學 ≡

論語智慧與制勝力研究

倪世和 著

前言
PREFACE

　　去年 6 月，在北京大學哲學系教授、博士生導師魏常海先生的熱情指導下，我嘗試完成了一本《論語與商道研究》小書，由江西人民出版社出版發行。從此我與《論語》結下了不解之緣。研讀《論語》，遵循偉大孔子之教誨，並努力探究當今世界新資本帝國主義者瘋狂侵略發展中國家之卑劣手段，提高國人之觀察力、思考力，尤其是競爭制勝力。為此，我又寫了《論語與制勝力研究》這本小書。

　　現謹以這本小冊子奉獻給我的導師和所有教過我的老師、我的同事和我教過的學生們、《論語》研究專家、學者及已經或現在正在努力學習國學的中國現代企業家們！

作者於北京方莊鑫源國際寓所 2011 年 6 月

目錄
CONTENTS

論文摘要

關鍵字：《論語》、制勝力、觀察力、領導力、執行力、創新力

（一）《論語》與制勝力

北京大學哲學系教授、博士生導師魏常海先生指出：「孔子是中國儒家學派的創始人，《論語》是中國儒學第一書，也可以說是中國傳統文化第一書。2500 多年來，《論語》為中國世世代代國人所傳頌、所熟讀。《論語》浸透著中華民族的心靈，鑄造著中華民族的精神形象。《論語》又是東亞文化圈內各國共同不磨的寶典，是東亞各國傳統文化重要的根基之一。」[1]

《論語》是儒家的寶典。孔子及儒家文化強調仁愛思想，如何理解《論語》與競爭制勝力之內在聯繫？現代中國人如何運用《論語》之寶典，裝備國人之思想，清除國人之私累，滌蕩庸者之污濁，提高民族之素質，增強競爭之意識，提高制勝之本領？只有通過認真學習研究《論語》，才能從中獲得有益的教誨，才能使我中華民族真正自立於世界民族之林焉。

（二）以德制勝

孔子《論語》告誡國人尤其是領導者們，要為政以德，修身正心，愛眾親仁。只有用德感化百姓，才能實現「譬如北辰居其所而眾星共之。」（共：拱。）只要領導者們得到民眾的擁戴，國家就有堅實的基礎，就會無堅不摧也。所以，真正的領導力寓於民眾之中也。

1　倪世和：《論語與商道》前言（南昌市：江西人民出版社，2010 年 6 月），頁 1。

有了百姓的支持，一定會無往而不勝焉。

（三）仁者無敵

　　孔子《論語》教導說：「知者不惑，仁者不憂，勇者不懼。」[2]
中國人民是仁者，亦是智者，更是勇者。自 1840 年起，外國資本帝
國主義列強為了掠奪中國的豐富資源，對中國進行了長達 100 餘年的
侵略戰爭，使本來世界上最富饒的民族，受到外國侵略者的搶奪、欺
辱，大片國土被外國資本帝國主義佔領，大量財富被外國侵略者搶奪
而去。民族恥辱永遠不能忘記矣！

　　有侵略就有反侵略。中國近代史就是外國資本帝國主義侵略的歷
史，就是中國人民一次又一次反抗外國侵略者英勇奮鬥的歷史。所
以，用孔子《論語》之教誨，做仁者，做智者，更要做個勇者，面對
當今世界以美國為首的資本帝國主義者們的強權霸道，中國人民應做
到不憂、不惑、不懼也。

（四）競爭制勝

　　孔子《論語》告誡我們：「君子無所爭，必也射乎！揖讓而升，
下而飲。其爭也君子。」[3]

　　孔子之言是說：君子是仁者，遇到利益之事不應爭利而忘義，所
以君子與百姓之間對待利益應無所爭；但是，其爭也是君子。尤其是
在國際商戰市場上，應樹立強烈地競爭意識，掌握競爭之謀略，對待

2　　程昌明譯注：《論語・子罕》（太原市：山西古籍出版社，2001 年 6 月），頁 97。
3　　《論語・八佾》，頁 22。

朋友要講仁講義，對待新資本帝國主義者們必須提高觀察力、思考力，勿上當受騙。該爭之事一定要爭，不要以德抱怨，更勿遷就退讓，否則就必然使國家或企業遭受到損失。

（五）思考力制勝

孔子曰：「君子有九思：視思明，聽思聰，色思溫，貌思恭，言思忠，事思敬，疑思問，忿思難，見得思義。」[4]這是孔子告誡君子察人觀事之方法，是非常重要的領導思維科學。中國人在與資本主義國家打交道時，需謹記先哲之訓，運用好自己的器官，無論對手如何欺詐，都要看得明白，聽得清楚。切勿輕信外國人的花言巧語，牢記中國優質大豆種子被美國孟山都種子公司一夥偽君子騙取之教訓，導致中國優質大豆種子為美國人搶注了專利，使得國人食用油都由美國的金龍魚、魯花、福臨門等企業生產。

（六）執行力制勝

孔子曰：「君子訥於言而敏於行。」[5]孔子之意是說：君子說話要慎重、嚴謹，勿說大話、空話，更勿說佞語狂言。尤其是在和外國人交往，無論是政府官員或是企業領袖，都必須之意自己語言的嚴謹性，當言則言，不當言則勿言，且須把握言之尺度和水準，切勿被外國資本主義者所利用，吸取「輪胎特保案」的教訓。

君子說話要嚴謹，行動要敏捷。要提高辦事效率，這就是說要提

4　《論語・季氏》，頁184。
5　《論語・里仁》，頁39。

高執行力。美國管理大師傑克‧韋爾奇說過：速度是競爭不可或缺的重要因素。21 世紀是信息時代，領導者要做到「與時消息」，才能做到與時俱進。切記拖延導致平庸，效率成就未來。

（七）凝聚力制勝

企業領導者是企業管理的特殊器官。企業管理要由團隊去實現，團隊建設是企業的最重要之內容。為了增強競爭力，必須建立和諧團結的團隊，高效執行的團隊，科學管理的團隊。團隊成員之間要主動溝通，及時溝通，和諧溝通，遇事不要推卸，不要梗塞，更不要指責。企業團隊的凝聚力是企業的核心競爭力，是企業制勝力的根本保證。

企業領導者要做到「先之勞之。」「無倦。」「子帥以正，孰敢不正？」處處以身作則，為員工樹立榜樣，用自己的行動帶動企業員工，感化員工，充分體現以人為本的經營理念。

（八）以禮制勝

孔子曰：「道之以正，齊之以刑，民免而無恥；道之以德，齊之以禮，有恥且格。」[6]有子曰：「禮之用，和為貴，先王之道斯為美，小大由之。有所不行，知和而和，不以禮節之，亦不可行也。」[7]

企業領導者管理公司，必須制定相關的「禮」制，即各項規章制

6　《論語‧為政》，頁 10。
7　《論語‧學而》，頁 7。

度，不論是小事大事，都要以「禮」節之，不能為和而和，一團和氣。要建立激勵機制，獎憂罰劣。尤其是初次分配製度，要關注一線工人的切身利益，力求工資分配合理、公道，避免員工收入差距之擴大。

在企業裏，聘用管理幹部時，要做到「舉直錯諸往，能使枉者直。」只有用對人才能正確的做事，才能把事情做正確。選賢任能，必須有「禮」可循。

一個無規章的企業，勢必是一盤散沙，這樣的公司是無法競爭取勝的。

（九）品牌制勝

子貢問仁。子曰：「工欲善其事，必先利其器。居是邦也，事其大夫之賢者，友其士之仁者。」[8]這裏是說：子貢問孔子怎樣實行仁道。孔子比喻說：工匠要像把加工件做好，就必須使他的工具鋒利。……。引申可理解為：企業要在競爭中取勝，就必須要有一支好的工匠，加上鋒利的工具，才能把產品加工好。

因為企業要滿足市場顧客之需求，靠優質產品和良好地服務，樹立企業之品牌，讓顧客獲得價值和使用價值。所以，企業領導者應把產品品質當做企業重中之重的大事抓好。只有抓好產品品質和服務，才能樹立良好的品牌，才能讓顧客回頭，才能鞏固市場，競爭制勝。這也是企業最起碼的社會責任焉。

---

8 《論語·衛靈公》，頁 170。

（十）創新制勝

「子絕四：毋意，毋必，毋固，毋我。」[9]這是孔子告誡人們不要隨意憑空猜測，對事物不要絕對肯定或絕對否定，不要固執己見，不要唯我獨尊。也就是說：人的思想勿要僵化封閉，勿固步自封，停滯不前。

社會總是在不斷變革中前進的。自古至今，改朝換代是如此，社會經濟發展，科學技術創新進步，都是通過不斷改革創新，才能使新事物產生，人類社會才能取得新的成就。中國歷史上湧現出許多政治改革家，科學家，他們為民族的進步，國家強盛，做出了巨大的貢獻。

現代企業領導者要不斷變革，勇於創新，做到「苟日新，又日新，日日新。」才能在激烈地國際、國內市場競爭中取得制勝權！

9　《論語·子罕》，頁88。

文獻綜述

（一）關於儒學

　　學習研究儒學，首先須明白何謂儒？一般認為，儒似乎就是讀書人的代稱。早在中國先秦時期，儒並非是簡單的讀書人，它是古代社會上的一種職業。

　　中國政法大學人文學院教授方爾加先生在其所著《儒家思想講演錄》一書中，較全面地論述了儒家及儒學的產生、發展過程。方先生指出：「儒是個職業，專門從事禮儀方面的工作。司馬遷也對儒有一番評價：『夫儒者以《六藝》為法。《六藝》經傳以千萬數，累世不能通其學，當年不能究其禮……』。儒這個職業可以做到這一點，避免或減少不愉快的事情發生。」[1]

　　關於儒家，方先生指出：「儒分君子儒和小人儒，小人儒只知混飯吃，……君子儒就不同了。他們的最高目標不是維持生計，而是要進行改造社會的活動。」[2]早在 2500 多年前，一偉大孔子為代表的儒者，研究古代文化禮儀，整理古籍史書，逐漸形成了獨特的文化思想派別，這就是中國最早的儒家。故而「儒家就是由君子儒形成的文化派別。」[3]

　　孔子是儒家學派的創始人，也可以說是儒家文化的第一人。《論語》是中國儒學第一書。1954 年畢業於北京大學哲學系的李澤厚先生說過：「儒學當然首先是孔子和《論語》一書在塑造和構造漢民族

1　《儒家思想講演錄》（北京市：東方出版社，2008 年 2 月），頁 2。
2　《儒家思想講演錄》，頁 3。
3　《儒家思想講演錄》，頁 3。

心理結構的歷史過程中，大概起了無可替代的作用。……《論語》所宣講、所傳佈、所論證的那些道理、規則、主張、思想，一代代相傳，長久地滲透在中國兩千多年來的政教體制、社會習俗、心理習慣和人們的行為、思想、語言活動中了。」[4]

美國前總統雷根先生曾說過：「孔子的高貴行為與偉大的倫理道德思想不僅影響了他的國人，也影響了全人類。孔子的學說世代相傳，為全世界人民提供了豐富的為人處世原則。」[5]

聯合國秘書長潘基文先生說：「在我的一生中，我一直在受孔子、孟子思想的影響。目前，孔子的很多教誨仍在為我指引方向。」潘基文的公事包裏放著學習《論語》的小卡片，不時閱讀。[6]

（二）關於孔子的財富觀

孔子曰：「富與貴，是人之所欲也；不以其道得之，不處也。貧與賤，是人之所惡也；不以其道得之，不去也。……」[7]孔子之意是說：財富與高貴的地位，是人人都渴望得到的，但是必須「以其道得之」才可以享受和擁有。從這裏完全可以看出：孔子不反對發財，亦不反對做官，只是一定要遵循「道」去獲得富與貴，才是「可處」的。

孔子還說過：「富而可求也，雖執鞭之士；吾亦為之。如不可

4　李澤厚：《論語今讀》（北京市：生活、讀書、新知三聯書店，2008 年 2 月），頁 1、2。

5　倪世和：《論語與商道》（南昌市：江西人民出版社，2010 年 6 月），頁 2。

6　倪世和：《論語與商道》，頁 2。

7　程昌明譯注：《論語‧里仁》（太原市：山西古籍出版社，2001 年 6 月），頁 33。

求，從我所好。」[8]孔子認為，財富是可求的，即便是替富人執鞭趕車或執鞭看門，這樣獲取的財富，是通過自己辛勤勞動而得到的，「吾亦為之」。

獲取財富不能靠侵略他國人民之手段，進行掠奪、欺詐去獲得財富和資源。世界近現代資本帝國主義者們，採取各種卑劣之手段，到處掠奪財富，就是「不以其道得之」也。

（三）關於競爭的論述

世人認為：儒家講仁義道德，凡事以「義」為先，君子要「先義後利。」其實這是人們對孔子儒家思想的曲解或誤解。孔子曾經指出：「君子無所爭，必也射乎！揖讓而升，下而飲。其爭也君子。」[9]

君子是仁者，仁者不爭，是指不該爭之事不要去爭，如爭個人名與利，爭小集團之私利，以損害他人之利益等。但是，該爭之事一定要爭，而且既要有戰略和策略，要具備「商才」，又要有「士魂」。要像日本商人哪一樣，一手拿《論語》，一手拿算盤，做到不憂、不惑、不懼。仁者無敵也！

（四）關於領導力的論述

孔子是偉大的教育家、政治家、思想家、哲學家，怎麼給予高度地評價，都不過分的。對於如何提高領導力，治理好國家，孔子有許

8　《論語·述而》，頁68。
9　《論語·八佾》，頁22。

多極為重要的論述。

　　孔子曰：「為政以德，譬如北辰居其所而眾星共之。」[10]孔子之意是說：國君要治理好國家，就要有好的品德，就會得到百姓的擁護和愛戴，就像北極星那樣得到眾多星緊緊圍繞其周圍而「共之」。一個國家的領導人就好像北辰，百姓就是眾星，北辰如若無眾星共（拱）之，就會變成孤家寡人，就一定會出現傾覆之患也。國君似舟，百姓似水，水可載舟，亦可覆舟也。

　　世界現代管理大師如彼得．f 德魯克先生、傑克．韋爾奇先生等諸多學者在他們的管理學著作中，對領導力都有非常重要地論述。後文將有專論。

（五）關於思考力的論述

　　一個國家政府或是一個企業的領導者，要領導眾多民眾及員工建設國家，經營企業，並在紛繁複雜的激烈競爭中取得勝利，就必須增強思考力，觀察力，分析力，判斷力和決策力，這些都是領導力的重要內容。

　　孔子關於思考力的論述，在《論語》裏有許多教誨。如孔子曰：「君子有九思：視思明，聽思聰，色思溫，貌思恭，言思忠，事思敬，疑思問，忿思難，見得思義。」[11]

　　歐洲近代著名的哲學家笛卡爾先生善於思考，而且是睡在床上思考，為後世哲人樹立了榜樣。

10　《論語．為政》，頁 10。
11　《論語．季氏》，頁 184。

（六）關於執行力的論述

　　《論語》是一部政治哲學，孔子對從政有諸多教誨。魯國權臣季康子問於孔子：仲由、子貢、冉求可從政乎？孔子回答說：由也果，賜也達，求也藝，從政乎何有？沒有問題的。子路（仲由）辦事果斷，審理案件「無宿諾」，即不過夜；子貢辦事迅速快捷，既是經營家，不受官府之命，貨殖屢中；也是外交家，巧舌如簧；冉求多才多藝。所有這些論述，都說明孔子非常重視辦事之效率，即現代人稱之為執行力。

　　目前，有諸多學者研究執行力，書店裏專著亦不少。且有眾多光碟擺放在書店裏，連續播放，吸引過往者。這些專著、媒體資料對企業經營管理者都能起到有義的作用。

緒論

（一）研究背景

《論語》—中國儒學第一書。

近幾年來，舉國上下學習國學的熱潮非常高漲，尤其是北京大學、清華大學、中國人民大學、首都師範大學、上海交通大學、南京大學、南開大學等諸多高等學府舉辦各種國學培訓班。北京大學的湯一介、樓宇烈、李士龍、張祥林及人民大學的羅安憲、南開大學的孫立群、南京大學的徐小躍及臺灣大學的陳鼓應、王小波、傅佩榮等著名教授學者親自登堂，宣講中華民族優秀的文化寶典，極大地吸引全國眾多政界、企業界精英積極地參加培訓，亦有不少國外朋友參加聽課。這充分說明，中華民族五千年優秀文化的偉大復興指日可待也。

北京大學哲學系教授、博士生導師魏常海先生曾經指出：「孔子是儒家學派的創始人，《論語》是儒學第一書，也可以說是中國傳統文化第一書。兩千五百多年來，《論語》浸透中華民族的心靈，鑄造著中華民族的精神形象。」「《論語》又是東亞文化圈各國共同的千古不磨的寶典，是東亞各國傳統文化的重要根基之一。非唯如此，《論語》之影響和魅力遍於全世界。」[1]

被譽為日本現代實業之父的澀澤榮一先生，早在 20 世紀初寫了一本《論語與算盤》的書，把中國儒學最早的文化寶典—《論語》與工商企業較好的聯繫起來。他積極宣導日本的實業家們要一手拿《論語》，一手拿算盤，做個既有「士魂」又有「商才」的實業家和商

1　倪世和：《論語與商道》前言（南昌市：江西人民出版社，2010 年 6 月），頁1。

人。後來，日本的眾多儒學研究學者更把《論語》作為「教養東洋人的根子。」

到了 21 世紀的 2007 年 4 月，世界上第一個孔子學院在韓國首爾成立。目前，世界上有 80 多個國家和地區成立了近 300 所孔子學院，作為傳播中國文化的橋樑、與世界各國交流的紐帶。

（二）

我於 2010 年 6 月，出版了一本《論語與商道》小冊子，北京大學哲學系教授、博士生導師魏常海老師為此書寫了前言，由江西人民出版社出版發行。在《論語與商道》一書中，我著重論述了《論語》與商道之關係，研究了孔子的財富觀，探討了求財求富之商道，強調企業家應做到誠信經商，仁義經營。宣導中國實業家像日本商人那樣，一手拿《論語》，一手拿算盤，既要具有子貢經商之才，又要具有子路武士之「魂」，即商才與「士魂」，為國盡忠，為民謀利，立己立人，達己達人，實現民之富裕，國之昌強。

如果說我的《論語與商道》一書主要是講企業家求財之商道，求得財富之後戒驕、戒奢、戒色，我的這本《論語與制勝力研究》，主要是依據當前國際新資本帝國主義者妄圖稱霸世界、打壓中國之手段，面對新資本帝國主義的政治、經濟侵略，我們如何遵從孔子之教誨，做到「君子無所爭，必也射乎！揖讓而升，下而飲。其爭也君子。」[2]努力做到既要敢於競爭，更要善於競爭，用《論語》之優秀

2　陳昌明譯注：《論語·八佾》（太原市：山西古籍出版社，2001 年 6 月），頁 22。

傳統文化，提升中國企業的競爭力和制勝力，為中華民族真正立於世界之林，貢獻一份力量！

（三）資本帝國主義之產生

1902 在英國倫敦出版了英國經濟學家約・阿・霍布森的《帝國主義》一書，此間許多經濟學、政治學著作「愈來愈多地用『帝國主義』這個概念來說明我們所處時代的特徵了。」[3]

列寧在馬克思、恩格斯逝世之後，對世界資本主義進行了深入地研究和剖析，指出：「帝國主義是發展到壟斷組織和金融資本的統治已經確立、資本輸出具有突出意義、國際托拉斯開始瓜分世界、一些最大的資本主義國家已經把世界全部領土瓜分完畢這一階段的資本主義。」[4] 一部世界近代史，可以說就是資本帝國主義產生、發展、侵略、瓜分世界的歷史。

（四）應對新資本帝國主義之挑戰

當今世界上以美國為首的新帝國主義，念念不忘老的資本帝國主義之幽靈，在世界諸多地方製造新的侵略，如 2003 年出兵伊拉克，增兵阿富汗，2011 年 3 月，美國政府奧巴馬打著保護非洲利比亞平民之旗號，糾集多國對利比亞發動數次空襲，明目張膽地侵略他國之主權，致使眾多平民百姓在狂轟濫炸中失去生命和家園。公理何在？

3　中共中央馬克思、恩格斯、列寧、斯大林著：《列寧專題文集》（北京市：人民出版社，2009 年 12 月），頁 106。
4　中央編譯局：《列寧專題文集》，頁 97。

資本帝國主義者們之目的就是企圖繼續霸佔世界資源。因此，中國人應積極應對新帝國主義之挑戰，用中國古代優秀的儒家文化和孔子偉大思想《論語》，開啟民族之智慧，在當今非常激烈地競爭中，做到不憂、不惑、不懼，提高我們的思考力、觀察力、分析力、辨別力、判斷力，尤其是領導力和競爭制勝力，充分認識資本主義的虛偽性、貪婪性、擴張性，做到知己知彼，百戰不殆，在世界經濟激烈競爭的舞臺上，永遠立於不敗之地也。

（五）資本主義擴張之本性

資本主義經濟的產生：

研究新資本帝國主義，必須先簡單瞭解資本主義經濟的產生過程。資本主義的經濟是由於社會分工所形成的。正如列寧曾經指出的：「社會分工是商品經濟的基礎。……在商品經濟下，各種不同類的經濟單位在建立起來，單獨的經濟部門的數量日益增多，執行同一經濟職能的經濟單位日益減少。這種日益發展的社會分工就是資本主義國內市場建立過程的關鍵。」[5]

馬克思曾經說過：「由於社會分工，這些商品的市場日益擴大；生產勞動的分工，使他們各自的產品變成商品，互相成為等價物，使他們互相成為市場。[6]

資本主義經濟產生和發展的基礎，就是社會分工的結果。這一理論在許多政治經濟學教科書裏，都有十分豐富的資料做佐證。英國是

5　《列寧專題文集》，頁6、7。

6　中央編譯局：《資本論》第3卷，頁178。

資本主義產生最早的國家，早在 16 世紀，社會上產生了小手工作坊，業主雇傭幾個人為其生產產品，目的是賣出換回貨幣。隨著蒸汽機的發明，科學技術的進步，社會分工愈來愈明顯，小作坊逐漸變成大的工廠，企業主雇傭的工人大量增加，生產規模不斷擴大，產量也隨之增加，銷售市場從一地到多地，商品經營進而從國內市場擴大到國外市場，充分暴露出資本主義的擴張性。

（六）資本主義擴張性

列寧指出：「資本主義國家必須有國外市場，決不取決於社會產品（特別是額外價值）的實現規律，而取決於下面幾點：第一，資本主義只是超出國家界限的廣闊發展的商品流通的結果。因此，沒有對外貿易的資本主義國家是不能設想的，而且也沒有這樣的國家。」

「第二，在資本主義社會中，由於為不知道的市場而生產的各個生產者的孤立性，這種相適應經常遭到破壞。彼此互為『市場』各個生產部門，不是平衡發展，而是互相超越，因此較為發達的生產部門就尋求國外市場。」

「第三，前資本主義生產方式的規律，是生產過程在原有規律上、原有技術基礎上的重複。……資本主義生產的規律，是生產方式的經常改造和生產規模的無限擴大。」（中央編譯局，《列寧專題文集》頁 34、35）也就是說，資本家的有些產品在國內銷售，獲取利潤，有些產品需從國內市場轉移到國外市場去銷售，以獲取更多的利潤。資本主義企業的發展必然超出村社小農經濟、超出地方市場、超出地域乃至於國界，積極尋求國外市場。

列寧分析資本主義擴張時指出：「這種需要明顯地表明資本主義進步的歷史作用，資本主義破壞了舊時經濟體系的孤立和閉關自守的狀態（因而也破壞了精神生活和政治生活的狹隘性），把世界上所有的國家連結成統一的經濟整體。」[7]

這裏需是說明的是，列寧當時講的資本主義進步性，是指比過去封建社會小農經濟的進步而言，封建社會閉關自守、孤立鎖國，地主階級及其封建王朝統治百姓，經濟社會發展緩慢。英國的資產階級革命打擊了封建統治，繼之而來的世界資產階級革命摧毀了各國的封建政權，相繼建立了資本主義經濟體系，這應是人類社會發展史上的巨大進步。

然而，資本主義經濟發展具有強烈地擴張性，資本家貪得無厭，掠奪財富的手段無所不用其及，擴張的結果導致經濟危機的發生。資本家為轉嫁經濟危機到來的損失，便把魔爪伸向亞洲，貪婪的目光盯上了當時世界上最富庶的中國。

（七）老資本主義國家對中國的瘋狂侵略

由於資本主義生產是為銷售而生產，資本家之間各做各的，不瞭解市場，都想超過對手。生產帶有非常大的盲目性，唯利是圖的一夥富豪卻佔據社會巨大的財富，成千上萬的工人生活非常貧困。因而到了 19 世紀中葉至 20 世紀初，歐洲資本主義爆發了經濟危機，大批勞動者失業，許多小業主破產，少數資本家階級在市場上瘋狂地奪取土

---

7 中央編譯局：《列寧專題文集》（北京市：人民出版社，2009 年 12 月），頁35。

地以擴大地盤。

　　為了逃避經濟危機，當時整個歐洲的資本家開始把骯髒的魔掌伸向世界另一洲—亞洲，一次又一次製造事端，為侵略世界上當時最富饒的中國尋找機會，製造種種藉口，終於在 1839 年爆發了第一次中英鴉片戰爭。自那年開始，100 年之間世界帝國主義對中國發動了多次侵略戰爭，瘋狂地在古老的中國大地上燒殺搶掠，無惡不作，使中國人民蒙受了一次又一次的災難，真是國恥難忘也！

　　中國人民經過長期地、不屈不撓地反抗鬥爭，在中國共產黨的領導下，終於在 1949 年推翻了壓在中國人民頭上的三座大山，新中國誕生了！但是，資本帝國主義亡我之心不死，時時刻刻不忘對新中國進行政治的、經濟的、軍事的干涉和打壓，所以，中國人民必須要有憂患意識也。

第一章

遠慮與近憂

▇ 遠慮與近憂

孔子曰：「人無遠慮，必有近憂。」[1]

慮：有二解，一為思考、尋思，二為發愁、擔心，如疑慮、憂慮，本意是指周密思考，且有一定的目的，引申指因擔心而思量。

憂：有三意一指擔心、發愁，二指憂患，三指父母的喪事。憂的本義指「和之行也」，即從容不迫地行走。由此引申出發愁、擔心的意思，又引申指讓人發愁的事。[2]

遠慮之釋，程樹德先生曾在他撰寫的《論語集釋》中，引皇疏：「人生當思則慮遠，防於未然，則憂患之事不得近至。」[3]此乃明示，人若沒有遠慮，終日昏昏然，則憂患之事不朝則夕，故而必有近憂也。這是從時間方面告誡世人做任何事情，須從長遠考量，切勿只顧眼前之得失矣。

程樹德先生還引集注，蘇氏曰：「人之所履者，容足之外，皆為無用之地，而不可廢也。故慮不在千里之外，則患在几席之下矣。」[4]履：慮。此乃是從地理方面講一個人考慮事情，不能只看到自身所處之地方，還應看到「千里之外」，這是以地理遠近而言，做任何事情要使「近者悅，遠者來。」「近思守約，事來則應，未聞所

1 　程昌明譯注：《論語‧衛靈公》（太原市：山西古籍出版社，2001 年 6 月），頁171。

2 　《新華大字典》（北京市：商務印書館，2006 年 1 月），頁 810、1518。

3 　程樹德：《論語集釋》（北京市：北京市：中華書局，2008 年 2 月），頁 1093。

4 　《論語集釋》，頁 1093。

慮必須長在千里之外也。」[5]也就是說，「存心於千里之外，以備几席之間，咫尺之患，計亦疏矣。」[6]早在 2500 多年前，魯國的季氏野心吞併顓臾，孔子曰：「吾恐季孫之憂，不在顓臾，而在蕭牆之內也。」[7]

人須有遠慮，才能防近憂之患。國家亦如此矣，縱觀歷史，歷朝歷代之興衰，皆與當時之統治者的修身、正心有極大的關係，妥善處理好「遠、近」之幫非常之重要，治政如此，軍事戰爭更是如此。

企業家亦時時事事要有「遠慮與近憂」之感，正如比爾‧蓋茨所言：他的公司只有 18 個月的前途。因此，企業領導者們凡事須立足於長遠，切勿短視，尤其是制定公司發展戰略，一定要考慮周詳，每走一步均要慎之又慎也。企業順利時，老闆們要居安思危、慮危，危即生於安，安可一夜轉危也。國內一些名噪一時的大公司，頃刻之間轟然坍塌，如當年的鄭州亞細亞、山東濟南的三株公司、珠海的腦黃金公司等，那些案例令國人至今仍記憶猶新焉。

偉大的中華民族具有悠久的文明歷史。可是到了 19 世紀中葉，世界資本主義經濟迅速發展，歐洲以英國為首的資本主義國家開始把魔爪伸向肥沃的亞洲尤其是中國。自 1840 年開始的 100 年間，世界資本帝國主義先後對中國發動了多次侵略戰爭，瘋狂地掠奪中國的財富。當時的清朝統治者先後和資本帝國主義國家訂立了許多喪權辱國的不平等條約。讓我們今天的年青一代重溫那一段歷史，牢記國恥

5　《論語集釋》，頁 1093。
6　《論語集釋》，頁 1093。
7　程昌明譯注：《論語‧季氏》，頁 179。

矣。

■ 百年國恥祭（資本帝國主義侵略中國大事記：1840-1940）

時間	不平等條約	主要內容	簽訂地點
1841.1	中英穿鼻條約	1 割讓香港。 2 補償英商白銀 600 萬兩。 3 承認中英兩國平等地位。	廣州
1842.8	中英南京條約	1 中國賠償英國白銀 2100 萬兩。 2 中國割讓香港全部主權於英國。 3 開放廣州、福州、廈門、寧波、上海五個港口為通商口岸，允許英國設立領事館，駐紮官員。 4 中英兩國地位平等，中國不得稱英國為夷。	南京長江江面英國軍艦上
1843.7	中英五口通商章程	1 英國領事有裁判權。 2 保護英國在華犯罪分子，破壞中國司法權。	廣州
1843.10	中英虎門續約	1 英國軍艦可在五口停泊。 2 英國在五口商鋪可以租地建造房屋。 3 英國享有片面最惠國待遇。	廣州
1844.7	中美望廈條約	1 美國僑民享有領事裁判權。 2 外國商輪沿海貿易權。 3 外國兵船各口遊弋權。 4 美國在五口可建造教堂。	廣州
1844.10	中法黃埔條約	1 法國享有英美各約的特權。 2 迫使清政府取消對天主教的禁令。	廣州

1844.及之後	歐洲葡萄牙、西班牙、比利時、瑞典、丹麥、德國、意大利、荷蘭、奧匈帝國等	享有英美各國一切在華特權。	
1858.5	清政府與英、法、俄、美簽訂天津條約	1 英、法兩國派使節駐紮北京，中國派使節駐倫敦、巴黎。 2 開闢牛莊、營口、煙臺、臺灣、淡水、汕頭、瓊州為通商口岸。 3 中國賠償英法軍費銀幣 600 萬兩（英國 400 萬兩，法國 200 萬兩）。 4 英法商船可自由航行中國內河等。	天津
1860.9	《北京條約》。英法聯軍焚燒圓明園	1 《天津條約》除賠款一項外，其餘條款繼續有效。 2 中國賠償英法軍費白銀 1600 萬兩（英法各 800 萬兩）。 3 割讓九龍半島給英國。 4 各國使節進駐北京，並覲見皇帝。 5 增開鎮江、漢口、江寧、九江、天津為通商口岸。 6 允許外國傳教士在中國內地傳教，並有權購置房屋田地，廣置產業。 7 外國人參與海關。 8 修改稅制。 9 允許鴉片公開進口。 10 賠償英法白銀各 800 萬兩（北京條約）。 11 割九龍司地方一區給英國。	北京

1858.5.28 1860.11． 1879 1883	中俄《瑷琿條約》 《中俄北京條約》《塔城條約》 《伊利條約》 《科塔條約》	1 割讓黑龍江以北 64 萬平方公里領土給俄國。 2 烏蘇里江以東大片領土割讓給俄國。 3 開放伊利、塔城、喀什葛爾通商。繼之割讓 58 萬平方公里土地給俄國。賠償白銀 280 萬兩。中國 161 萬平方公里國土被俄國吞占。	瑷琿、北京 塔城伊利
1885.4 1885.6	中法《停戰協定》《中法新約》	法國在中國雲南、廣西、廣東三省與中越邊境開鋪通商的特權，	巴黎、北京
1890 1893.1	中英《藏印條約》《藏印續約》	開放亞東為通商地點，英國打通了通往西 藏的大門。	北京
1894.4	《中日馬關條約》	1 承認日本控制朝鮮。 2 割讓遼東半島、臺灣、澎湖列島。 3 賠償日本軍費 2 萬萬兩。 4 允許日本在通商口岸設立工廠。 5 開放沙市、重慶、蘇州杭州為商埠，允許日本商船開進上述各地。	馬關
1896.6	《中俄密約》	清政府用以道勝銀行在黑龍江、吉林修造鐵路，讓俄國擁有運送軍隊的權利。	莫斯科
1898.3	《中德膠澳租界條約》	德國侵佔膠州灣土地，租期 99 年。獨佔膠濟、沂州—萊蕪鐵路。	北京
1896.3	《旅大租地條約》	俄國租占旅順、大連，租期 25 年。獨佔南滿、中東（支線）鐵路。	北京

1901	《辛丑合約》	1 清政府向各帝國主義賠款 4.5 億　　兩白銀。 2 分 39 年償付，本利合計 10 億兩。 3 關稅、鹽稅都由帝國主義控制。 4 在北京東交民巷設使館區。 5 使館區及北京至大沽、山海關的鐵路允許外國軍隊駐守。 6 大沽炮臺完全拆毀。 7 清政府下令禁止中國人以任何形式反對帝國主義。	北京
1904.8	《拉薩條約》	開放江孜、葛大克為通商口岸，英國獲得許多政治經濟特權。	拉薩
1915.1 1918.5	日本提出滅亡中國的 21 條要求 段祺瑞政府與日本秘密簽訂《共同防敵軍事協定》	1 把山東半島變為日本的勢力範圍。 2 承認日本在「南滿」、「東部內蒙古」的優越地位及特殊權利。 3 延長旅順、大連租借期及南滿安泰鐵路租借期延長至 99 年。 4 壟斷漢冶萍公司。 5 日本人充任中國政府政治、財政、軍事管理者，員警機關、兵工廠中日合辦。 6 日本在九江、南昌、杭州、潮州等地建築鐵路、開礦、建海港船廠 補充條款： 1 段政府軍隊由日本人指揮。 2 夥同日本出兵西伯利亞，干涉俄國革命。3 日本取代俄國迅速佔領了中國東三省。	北京

三 毋忘「9‧18」

日本軍國主義者對中國侵略蓄謀已久。1931 年 9 月 18 日，日軍在遼寧省瀋陽城北的柳條湖村莊，蓄意炸毀南滿鐵路其中一段路軌，製造謠言誣稱是中國軍隊所為。日本軍隊藉此向張學良領導的東北軍駐地北大營發動進攻，與此同時，進攻瀋陽城。僅 5 個月的時間，日本侵略者幾乎佔領了中國東北三省，3000 萬父老遭受日本侵略者的蹂躪和屠殺，無家可歸，逃到關內的東北鄉親們無日不在憂思故里和家園。

「9‧18」事變之後，日本侵略者處心積慮地想佔領中國的華北廣大地區。1937 年 7 月 7 日，日本侵略者又再次製造藉口，瘋狂炮擊我盧溝橋，中國駐軍奮起反擊，史稱「7‧7」事變。從此，中國人民的抗日戰爭全面爆發。

8 月中旬，日軍佔領了上海，蔣介石政府遷都重慶。據艾青先生回憶：1940 年初夏，他偕同夫人韋熒從湖南奔赴抗戰大後方一重慶。他們夫婦於 6 月 5 日到達重慶，就在這天中午 1 時左右，濃霧消散，天氣晴朗，突然間城市上空警報聲連續不斷，人們驚慌失措，四處躲避。這天又出現 117 架次日軍飛機空襲重慶，炸毀居民房屋 100 多處，死傷民眾多人。6 月 11 日，艾青用筆疾書〈抬〉一首詩：

「這是一個婦人、她的腦蓋已被彈片打開。……讓我們抬起她送回她的家，讓她的家屬用哭泣與仇恨安排；這是一個服務隊的隊員、灰色的制服上還掛著他的背章……請向他表示悲哀，他已為了減少你

們的犧牲而被殘害。」[8]

12 月，日本侵略軍攻陷南京，進行了為期 40 天的大屠殺。日軍慘無人道，滅絕人性，30 萬南京同胞慘死在日軍的屠刀下。一些倖存者直到解放後對那段歷史仍記憶猶新，憂憤之情永遠不會消失焉。

四 憂外患———中國與周邊之複雜關係

中國是一個多民族的國家。自秦漢始，至唐、宋、元、明，歷經諸多王朝。歷史上的中國一些有作為的王朝皇帝，都非常注意和周邊諸幫搞好關係，其中也有戰爭，但是都竭力維護中華民族的領土和主權。1949 年 10 月 1 日新中國誕生之後的 60 多年來，中央政府極力維護國家之領土完整和主權，尤其是收回香港和澳門的主權，洗刷了百年來的恥辱，國人為之歡呼，在國際舞臺上揚眉吐氣焉！中國經過 60 多年的艱苦曲折的發展，尤其是改革開放 30 多年來的快速發展，國民經濟得到了恢復和振興，綜合國力極大地增強，百姓生活水準亦有較大的改善。偉大的中國自立於世界民族之林為時不遠也！

五 修睦與鄰

中國古代《五經・禮運第九之二》指出：「講信修睦。謂之人利；爭奪相殺，謂之人患。」

孔子曰：「德不孤，必有鄰。」[9]孔子之意是說，有道德的人，

8　摘自《青年時報》，2011 年 2 月 25 日，22 版。
9　《論語・里仁》，頁 38。

是不會感到孤單的，一定會有諸多朋友與他為伴。只要做到「為政以德」，就會出現「譬如北辰居其所而眾星共（拱）之。」[10]

歷代封建王朝一些有大志的皇帝遵循先哲之教誨，大都非常強調「講信修睦」，重視修睦與鄰，以保持邊疆的穩定，以利於國內之安定，從而實現「近者說，遠者來。」[11]早在中國的漢、唐時期，中國周邊也曾一度發生過戰爭，但大漢、大唐皇帝採取了積極穩妥的方略，修睦與周邊諸幫，從而保持了國家主權和領土，以利於邊民休養生息也。

新中國成立之後，中央政府首任國務院總理周恩來先生早在1955 年的萬隆會議上，宣導「和平共處五項原則」，得到與會各國的積極回應。多年來，中國政府非常重視修睦與鄰的外交方針，得到世界眾多國家的支持，中國領導人的寬宏大度，高瞻遠矚的胸懷與策略，贏得了世界的好評，終於在 1971 年恢復了中華人民共和國在聯合國的合法地位，中國外交取得了重大的勝利。

隨著中國的國力不斷增強，國際地位顯著提高，引起了一些別有用心之徒的不安，他們製造種種藉口，居心叵測詆毀中國的形象；同時，國內各種矛盾時隱時現，故而可謂中國目前既有外患也有內憂也。

讓我們先研究一下地理吧。

10　《論語‧為政》，頁 10。
11　《論語‧子路》，頁 142。

東邊：——中國與日本一衣帶水，稱之為「有好鄰邦」。翻開歷史可知，早在唐朝時期，日本仍是部落結構，文化落後。由於受到中國唐朝先進文化的衝擊，日本產生了中國化運動。到了公元646年，孝德天皇下令把全國土地從貴族手裏收回歸國有。仿傚中國辦法，對貴族只冊封，不給土地。同時，改用中國特有的「年號」制度，定公元646年為大化元年。依照中國政府設省，組成日本政府。並大規模接受中國的傳統文化，採用中國文字為法定文字，以孔穎達的《五經正義》為法定課本。這是日本第一次大規模接受中國的文化運動，史學家稱之為「大化改新」。從此，日本跟朝鮮半島諸國一樣，成為中國之外的另一個「中國」，無論文字、教育、官制、政府，甚至意識形態和中國幾乎相同。當時的日本人以夷狄自稱，尊奉中國是「中國」，可是到了後來，日本人卻自稱為「中國」，而把中國當成夷狄。直到公元710年，日本元明天皇即位，建都奈良（平城），日本到此時才有固定的首都，「奈良時期」，日本狂熱仿傚中國，產生出燦爛的文化。

然而，到了「明治維新」之後（1868），日本政府實行變革，迅速崛起，迅即向外侵略擴張。1874年，日本在美國的支持下，侵略臺灣，屠殺人民，焚燒村莊，迫使清政府賠償50萬兩白銀，飽載而歸。隨後不久，1879年日本把琉球王國改為沖繩縣，掠為己有。到19世紀末20世紀初，日本多次對朝鮮發動侵略戰爭，並企圖永久佔領朝鮮。其間和中國軍隊發生摩擦，終於在1894年爆發了中日甲午戰爭。

到了20世紀、21世紀的當今，日本國內右翼勢力抬頭，妄圖恢

復軍國主義幽靈。無論是執政黨或在野黨每年 8 月均去供奉日本戰犯的靖國神社參拜。2010 年 8 月，中國駐日本新潟市和名古屋市總領事館和日本當地政府商定並達成協議，購買土地建新館，在日本右翼勢力的操縱下，當地一些民眾請願，他們要求政府不要把土地賣給中國。結果，中國兩地的領事館只有繼續租用狹小的房子辦公。日本在美國的支持下，一再視崛起的中國為仇敵。近年來，美、日、韓三國結成新的軍事同盟，不斷在中國近海舉行聯合軍事演習，矛頭直指中國，妄圖打壓中國，這應是中國目前最大的「近憂」也。近幾年，日本企圖侵佔中國的釣魚島，公然逮捕中國行使主權的漁政船長和船員，是可忍孰不可忍也。

朝鮮——與中國一江之隔，1950 年美帝國主義糾集多國聯軍大舉入侵朝鮮，企圖以朝鮮為跳板，進而進攻年輕的新中國。中國政府義舉抗美援朝，保家衛國。新中國領袖毛澤東之子毛岸英和數萬中國志願軍將士英勇犧牲在朝鮮的國土上。朝鮮政府是一個封建式的家族政權，多年來實行閉關鎖國的政策，窮兵黷武，經濟落後，人民貧窮。對中國亦有感恩之舉，亦曾圖謀在新義州製造「特區」，聘用受中國政府判刑的犯罪之徒去新義州任職。

南邊——越南也是與中國山水相連的鄰邦。歷史上越南為安南王國、交阯省，對中國封建王朝稱臣。19 世紀中國派軍隊支持越南抗擊法國侵略者，20 世紀中國政府又支持越南抗美戰爭，使得囂張一時的美帝國主義者陷於泥潭，最後以失敗而告終。

中國人民以犧牲為代價，支持越南抗擊法國、美國侵略者，使他

們爭取了獨立。可是，近年來，這個「友好」鄰邦卻不講情義，做出許多侵害中國主權之事。他們在南中國海域派軍艦，搶佔中國島嶼，開採屬於中國的海底資源。更為令人不解的是他們居然和曾經侵略他們國家多年的美國佬搞聯合軍演，其目的昭然若揭矣，矛頭指向曾經為他們的獨立付出巨大代價的中國人民。

印度——亦是中國近鄰，是世界上第二個人口大國。早在上世紀50年代末，印度支持中國西藏達賴叛國，並允許達賴逃到印度建立流亡政府，長期搞分裂活動，不斷與中國政府為敵。近年來，印度與日本、美國拉得很緊，企圖和中國抗衡。

菲律賓與中國南沙諸島相接壤，同樣與中國爭奪南海資源，不時製造事端。並拉攏越南、馬來西亞、印尼等國家，在南中國海某島上舉行所謂「友好運動會」，企圖與中國抗衡。

北邊——俄羅斯。歷史上沙皇帝國掠取中國160多萬平方公里的國土，且永久佔領了。上世紀50年代初，蘇聯對中國實行大國沙文主義，企圖佔領中國的旅順，作為軍事基地，受到中國政府和毛澤東先生的堅決反對而作罷。1958年他們背信棄義，單方面停止援助中國的多項技術協議，撤走專家，企圖壓服中國聽從他們的指揮棒，致使中蘇關係破裂，使中國的經濟建設遭受巨大的損失。1966年他們製造「珍寶島事件」妄圖再次侵吞中國領土。蘇聯解體之後的相當長時間裏，中俄關係時好時壞，直到近幾年，中俄兩國領導人多次互訪，友好關係逐步恢復。

蒙古與中國接壤，由於該國經濟落後，他們目前不大可能對實力

強大的中國進行挑釁。

西南邊——巴基斯坦，由於中國政府幾乎傾力支持，該國對中國友好，且提供諸多支持。

阿富汗亦與中國接壤，由於該國的塔利班組織為新疆東突分裂勢力提供支持，所以增加了中國邊境安全的複雜性。

西邊——與中亞地區吉爾吉斯斯坦、哈薩克邊境接壤，這些國家在上海合作組織框架內，目前對中國應當說關係尚好。

綜上所述，不難看出中國周邊國家對中國友好者有之，但時好時壞者大有人在。因此，中國政府對這些國家尤其是百姓一直採取仁義之舉，積極爭取保持平和的周邊環境，以利於中國的經濟建設。

中國最大的威脅應來自美國資本帝國主義。蘇聯解體後，美國視中國是其稱霸世界的最大障礙。近代中國曾經遭受美國數次侵略，新中國成立不久，美國即發動侵朝戰爭。又為跑到臺灣的國民黨蔣氏政權提供經濟、軍事援助，阻止中國政府解放臺灣，致使臺灣到目前尚未能回歸統一。美國政府的目的就是保持臺灣與中國大陸對立，其好坐收漁人之利也。

美國又積極插手東南亞事務，高調重新奪回對亞洲的控制權，企圖遏制中國的發展，削弱中國的國際影響。

附：中美兩國領導人互訪大事記[12]

---

12 《南京日報》，2011 年 1 月 19 日。

1972 年 2 月 21 日至 28 日，美國總統尼克森訪問中國。

1975 年 12 月 1 日至 5 日，美國總統福特訪問中國。

1979 年 1 月 28 日至 2 月 5 日，中國國務院副總理鄧小平先生對美國進行正式訪問。

1984 年 4 月 26 日至 5 月 1 日，美國總統雷根對中國進行國事訪問。

1985 年 7 月 22 日至 31 日，中國國家主席李先念對美國進行國事訪問，這是中國國家元首首次訪美。

1989 年 2 月 25 日至 26 日，美國總統喬治‧布希對中國進行工作訪問。

1997 年 10 月 26 日至 11 月 3 日，中國國家主席江澤民對美國進行國事訪問。

1998 年 6 月 25 日至 7 月 3 日，美國總統克林頓對中國進行國事訪問。

2002 年 2 月 21 日至 22 日，美國總統喬治‧布希對中國進行工作訪問。

2002 年 10 月 22 日至 25 日，中國國家主席江澤民對美國進行工作訪問。

2005 年 11 月 19 日至 21 日，美國總統喬治‧布希對中國進行訪問。

2006 年 4 月 18 日至 21 日，中國國家主席胡錦濤對美國進行國事訪問。

2008 年 8 月 7 日至 11 日，美國總統喬治‧布希應邀來華出席北京奧運會開幕式及其相關活動。

2009 年 11 月 19 日至 18 日，美國總統奧巴馬對中國進行國事訪問。

從上述中美兩國領導人互訪次數可以看出，自 1972 年中國恢復在聯合國的合法席位起，至 2009 年，中美兩國元首互訪多達 14 次。雙方領導人雖多次互訪，其間美國卻多次製造事端，對中國施加各種壓力。由此不難看出，中國人民對美國資本帝國主義不能存在任何幻想。

1949 年 ᠄ 月 18 日，中國人民的解放戰爭已經取得偉大的勝利，國民黨蔣介石政權已經垮臺。就在此時，美國發表了一份白皮書，宣告由美國出錢出槍，支持蔣介石打內戰的計劃徹底破產。時任美國駐華大使的司徒雷登由於受到美國政府的指責，於 8 月 18 日悄然離去。毛澤東先生為此發表了「別了，司徒雷登」的文章，揭露了美國帝國主義的險惡用心。文章指出：「美國出錢出槍，蔣介石出人，替美國打仗殺中國人藉以變中國為美國殖民地的戰爭，組成了美國帝國主義在第二次世界大戰以後世界侵略政策的一個重大部分。」[13]

毛澤東先生在文章裏批評了當時存在幻想的一些自由主義者們，他指出：「那些近視的思想糊塗的自由主義者或民主個人主義者的中國人聽著，……對美國存有幻想，……不上帝國主義的當，整個美帝國主義在中國人民中的威信已經破產了。美國的白皮書，就是一份破產的記錄。先進的人們，應當很好的利用白皮書對中國人民進行教育

---

13 《毛澤東選集》第五卷（北京市：人民出版社，1971 年），頁 1380。

工作。」[14]

　　近年來，美國媒體炒作，中國商品賣給美國，中國出現貿易順差。事實果真如此嗎？據世界經濟研究所副所長、臺灣研究中心副主任、江蘇省世界經濟學會秘書長、中國亞太理事、全國美國經濟學會理事張遠鵬先生，在 2011 年 3 月 6 日於江蘇省南京市圖書館講座時指出：中美順差存在「失真」。張遠鵬先生說：中美兩國自建立貿易關係以來摩擦不斷，其中涉及人民幣升值、通貨膨脹、匯率變化等問題勢必對百姓的生活產生或深或淺的影響。張先生回顧了中美貿易的歷史，他說：「中美貿易關係早在 1784 年就建立了。」1784 年，美國一艘裝載有 300 噸美洲特產的商船貨輪「中國皇后號」經過數月的航行，抵達中國的廣州，換回中國的茶葉、絲綢、陶瓷等眾多中國商品回國。自此之後的 10 年間，美國在華貿易僅次於英國，成為第二大貿易國。自 1917 年至 1928 年，中美貿易增長了 5 倍。

　　新中國成立以後，中美貿易經歷了 4 個階段：第一階段為貿易禁運階段，第二階段為堅冰突破階段，第三階段為正常發展階段，第四階段是當下迅速增長階段。

　　目前，中美貿易是順差還是逆差？張遠鵬先生分析說：在貿易利益方面，中美貿易存在著巨大的中間貿易問題。如美國的羅枝公司的一款中國製造的滑鼠市場售價 40 美元，扣除羅枝公司、中間商、零售商、配件供應商的利潤，一個滑鼠中國只有 3 美元，這 3 美元還包括生產成本。美國人從中賺取大頭利潤，中國人只能掙一點點微不足

14　《毛澤東選集》合訂本，頁 1382、1383、1384。

道的利潤。而中國製造商向國家繳納的稅金，又被政府拿去買美國的國債，使美元重新回流到美國，回報率是 3%至 4%，美國人再用中國人創造的美元再次直接到中國投資，回報率提高到 10%至 20%。中美貿易究竟誰得利益最大？中國做國際貿易的政治家、金融家、商家之要人確實要做到「視思明，聽思聰，……」要算細帳，不能只看表面現象，被美國人欺騙焉。[15]

稀土是重要的戰略物資。西方資本帝國主義國家對中國的稀土資源垂涎三尺，他們早已開始掠奪了。前段時間，由於中國政府國土資源部門對稀土資源放鬆管理，失去控制，所以造成亂開亂採的嚴重現象。

中國的稀土如氧化釹（nv）、氧化鏑、氧化銪（you）、氧化鋱（te）等產品，價格一直受外國資本巨頭控制。由於中國稀土開採企業分散，企業資金有限，稀土企業之間的惡性競爭非常之激烈。而國際稀土壟斷巨頭乘機壓價，大量收購中國稀土。他們共同陰謀策劃，步調一致對中國的稀土企業施加壓力，迫使中國企業讓價。

中國的一些稀土企業大都以破壞資源的手段，無序進行稀土開採的。有媒體報導：中國的稀土企業開採方式非常原始、落後，他們在有稀土的山坡上挖洞，稀土與黏土同時挖出來，再用草酸摻入黏土，使其發生化學反應，提煉出初級稀土半成品。大概要用酸溶解 95%的其它物質，才能提煉出 5%的稀土，其結果必然給大自然造成嚴重的污染，破壞生態平衡，致使水土流失。

---

15 《金陵晚報》，2011 年 3 月 7 日，第 8 版。

中國企業把提煉出來的稀土和鎢以十分低廉的價格賣給外國，外國經過再加工後，再以高價賣給中國。有人曾經統計過，中國出口 4 萬噸鎢礦和含 15000 噸鎢產品，獲得外匯約 5 億美元左右，平均稀土出口價格每噸 1.48 萬美元。而中國進口外國高純度的鎢的價格為：純度 99.95%為 2 萬至 3 萬元每公斤，純度 99.99%鎢的價格是 17 萬元每公斤。由此不難看出，國際資本帝國主義對中國的經濟掠奪是何等之殘酷也！

目前，中國政府對稀土資源引起重視，制定了限制出口的政策。外國人得知此信息之後，企圖結盟對中國施加壓力。2010 年 10 月，日本駐華大使丹羽宇一郎在日本駐華使館召集美國、英國、德國、法國、韓國等國家的駐華大使開會，策劃對中國稀土出口限制施加壓力；歐盟企業界近來也叫囂，說他們受到中國稀土出口限制影響，要求歐盟對中國採取措施，甚至揚言到世界貿易組織去告中國，大有新八國聯軍侵略中國之架勢。真是一副強盜之面孔。我的物資不同意賣給你，不願意賣給你，你卻要去世界法院告我，言下之意：你不賣我就去告你，告你不贏，就出兵去搶，這就是世界資本帝國主義者的強盜邏輯。歷史的教訓記憶猶新焉。

所以，中國政府必須像對黃金管理一樣來控制稀土資源。政府有關部門要出臺控製辦法，管理好十分重要的戰略資源，一定要建立稀土資源的戰略儲備，加大研發投入，生產技術含量高的高等級產品，以免繼續遭受外國寡頭資本的掠奪。這也是避免外憂的重要內容之一也。[16]

16　《環球時報》2010 年 10 月 28 日、《安徽汽車》2011 年第一期，頁 4。

另外，中國還有一種名叫凹凸邦的稀有黏土礦，儲藏在安徽省皖東地區的明光市境內，儲量非常豐富，據專家考證：是世界第三大黏土礦。該稀有土約有 1000 多種用途，美國的佐治亞州亦有此礦，可是美國人自己不去開採，卻跑到遠離美國本土的中國安徽皖東小縣城來投資開採，經初級加工後運回美國。而中國地方政府和土地資源部門的官員卻無人問津，隨意讓美國人掠奪而去；同時當地百姓也是無序任意開採，明光市津裏、官山、魯山等鄉村和縣城到處可見這種稀有非金屬資源胡亂堆放，真是可惜哉！

　　綜上所述，中國當前面臨新的機遇與挑戰，挑戰時而大於機遇。只要中國每前進一步，就會招來資本帝國主義者的非難、叫　，甚至搞反傾銷，對中國進行制裁。正如鄧小平先生在他晚年一再強調的，世界給中國的機會不多，我們不能忘了歷史，如果我們有一線可能都要堅持和平發展的決心，排除各種各樣的來自內部和外部的干擾。

　　中國社會科學院研究員、國際問題專家吳伯乙教授指出：外交是內政的延伸，內政決定了中國外交的基本屬性。吳教授還指出：正如鄧小平所說：冷靜觀察，穩住陣腳，這就是戰略。我們應認真領會鄧小平先生及專家學者之論述，用科學之思維觀察世界資本帝國主義的新花招，做到不惑，不懼焉。

六　憂內患——人禍與天災

　　孔子曰：「德之不修，學之不講，聞義不能徙，不善不能改，是

吾憂也。」[17]

2500 年前，偉大的孔子針對當時社會之弊端，一針見血地指出四個問題令其擔憂，即不修德，不學習，不講義，不從善。程樹德先生所撰《論語集釋》引《集注》尹氏曰：「德必修而後成，學必講而後明，見善能徙，改過不吝，此四者，日新之要也。苟未能之，聖人猶憂，況學者乎彝」[18]此四者，應以修德為根本，只有修德，才能講學進取，辯惑明理，才能講義輕利，才能從善愛民，才能知過而改也。

時值 2500 年後之今日，部分國人尤其是官府之一些官員們不修德、不學習、不講義、不從善之現象仍然嚴重存在。執政黨內一些官員「前腐後繼」，嚴重腐蝕黨的肌體，百姓強烈不滿，反映極壞。據媒體報導，原中國石化集團總經理陳同海貪污、受賄近 2 億元人民幣，每天揮霍近 4 萬元，相當于堅持在大山荒漠的一線中石化 15 名工人一個月的薪酬。另據媒體披露，中國某保險公司總經理 2008 年之年薪高達 6500 萬元人民幣，這個天文數字令人無法接受也。究竟誰在製造中國的貧富差距？

《大學》曰：「道得眾則得國，失眾則失國。是故君子先慎乎德。有德此有人，有人此有土，有土此有財，有財此有用。德者，本也；財者，末也，外本內末，爭民施奪。是故財聚則民散，財散則民

17　《論語·述而》（太原市，山西古籍出版社，2001 年 6 月），頁 65。
18　《論語集釋》，頁 440。

聚。」[19]吾等普通之百姓望一些官員須謹記先哲只教誨，個人勿貪財，勿聚財也，否則民心散焉，危及國家政權之穩定焉。

另據媒體報導，有位學者王曉魯先生曾公開發表一篇研究報告，指出國家統計局在統計過程中，遺漏了社會的「隱性收入，數額多達9萬多億元，其中有5萬多億元屬於「灰色收入」，這大概是「權錢交易」的結果。近日，媒體揭露：青島遠洋輪船公司的一位副總經理在全國各大城市購買房產多達37套。這種「隱性收入」「灰色收入」使中國的貧富差距加大，官民衝突激化，社會分配嚴重不公，早已引起中央政府領導人的高度重視。

2010年中國有11名省部級高官受到法律制裁，原因很簡單，都是由於貪財而導致坐牢的下場。

中國共產黨為懲治貪官，制定了許多法規、條令，對腐敗分子採取了嚴厲打擊措施，為清政廉潔堅持不懈地鬥爭。只有各級執政者努力做到正心，才能修身，才能齊家治國平天下，實現國之昌強，民之富裕，才能有實力和新資本帝國主義相抗衡，在激烈的國際競爭中取得制勝權。

孔子曰：「丘也聞有國有家者，不患寡而患不均，不患貧而患不安。蓋均無貧，和無寡，安無傾。」[20]孔子之意是說：一個國家或一個地區，不怕財富缺少就怕分配不均，不怕貧困就怕不安定。只要財

19　王國軒、張燕嬰、藍旭、萬麗華譯：《大學》第11章（上海市：北京市：北京市：中華書局，2008年1月），頁112。
20　《論語‧季氏》，頁179。

富均，就無所謂寡，大家能和好相處。只要舉國上下相安無事，國家就不會發生傾覆之患也。

二千五百年後今日的中國，依然存在貧富不均之嚴重現象。東西部由於歷史之原因，經濟發展不均衡，差距很大。中國政府近年來採取了一系列措施，幫助西部加快經濟發展，中央政府動員東部 19 個省市對口支持新疆，以盡快縮小東西部經濟發展不均之差距，充分顯示大國之優勢也。

由於上世紀 80 年代中央政府採取積極政策措施，鼓勵一部分人先富裕起來，近 30 年來，中國產生了一批中產階層。這部分人擁有巨額財富，尤其是近年出現的房地產富賈，他們擁有巨大的經濟實力，爭奪土地開發權，中國的房價年年攀升，大多數百姓望高檔樓房而興歎也。而這批房地產商人年薪亦高得驚人，僅據 2009 年相關部門統計，北京的任志強等先生的年薪如下表[21]：

代碼	簡稱	姓名	職務	年薪（萬）	行業
600743	華遠地產	任志強	董事長	707.40	房地產
002142	寧波銀行	邱少眾	副行長	616.30	金融
000002	萬科 A	王 石	董事會主席	590	房地產
000002	萬科 A	郁 亮	董事總經理	529	房地產
600743	華遠地產	孫秋豔	董事總經理	456.6	房地產
002202	金鳳科技	武 剛	董事長	396.92	機械

21 《揚子晚報》，2010 年 3 月 11 日

002202	金鳳科技	郭 健	總經理	396.92	機械
002202	金鳳科技	李玉琢	副總	351.44	機械
000002	萬科 A	劉愛民	執行副總	340.40	房地產
000002	萬科 A	丁長峰	執行副總	340.30	房地產

　　從上表可以看出，中國目前確實存在著嚴重的財富分配不公問題，而一名大學本科畢業生即使找到一份工作，年薪也只有 3 萬元左右，不及房產巨頭年薪的零頭數。部分農村 60 歲失去勞動能力的老人，國家每人每年補助 660 元，只相當於上述高新者年薪的 1%505。差距之大，實在令人難以接受矣。對此之不均不公之現象，國人憂也，百姓怒也。中央政府先後出臺一系列利民政策，積極建設廉租房，解決廣大低收入群體的住房問題；同時制定稅收政策和銀行加息，遏制有錢人炒房。這些利好政策恐怕也只能緩解暫時矛盾，要從根本上化解貧富之不均，可能需要相當長的時日也。

　　憂天災：中國幅員遼闊，近年天災時有發生。2008 年 5 月四川汶川大地震，2010 年 4 月青海玉樹大地震，2010 年 8 月甘肅舟曲泥石流，江西撫州暢凱堤被洪水衝開決口。接連發生的特大自然災害，給當地人民生命財產帶來了巨大的災難，給國家政府增加了巨大的壓力。2010 年春季，雲南、貴州遭受數百天特大乾旱，上億畝農田幾乎絕收；2011 年春季，河北、河南、山東、安徽等地又發生乾旱，近億畝小麥生長所受到嚴重影響。天災難免也，百姓遭難也，政府憂民之憂也

本章小結

中國是世界上四大文明古國之一，有 5000 多年的悠久文化。早在漢、唐、元、明年代及清王朝中期之前，中國疆土遼闊，國力強盛。到了 19 世紀中葉，歐洲的資本主義國家——英國最先對華發動了侵略戰爭，在以後的 100 多年裏，世界資本帝國主義國家多次侵略中國，清王朝統治者被資本帝國主義的洋槍洋炮打得暈頭轉向，被迫先後和資本帝國主義國家簽訂了許多個喪權辱國的不平等條約。從 1840 年至 1940 年的 100 年間，中國人民遭受了極大的蹂躪，國恥難忘矣！

所以，我們每一個中國人務必牢記那一段屈辱的歷史，必須時時警醒，既要有遠慮，又要有近憂，如臨深淵，如履薄冰，時時要有危機感。一旦大難來臨之際，做到不憂、不懼、不惑，這才是仁者之品質，而仁者無敵也。

第二章

仁者制勝

■ 智者不惑

孔子曰：「知者不惑，仁者不憂，勇者不懼。」[1]知：智。

孔子之意是說：聰敏的人是不會有疑惑的，有仁德的人不會有憂愁的，具有勇敢精神的人是無所畏懼的。

程樹德先生撰《論語集釋》引《集解》包曰：「不惑，不惑亂也。不憂，不憂患也。」[2]知即智，智者能辨別是非曲直，能分清事物好壞，在關鍵時刻頭腦清醒，能做到視思明，聽思聰，疑思問⋯⋯。「明足以燭理，故不惑。理足以勝私，故不憂。氣足以配道義，故不懼。」「仁者克己愛人，於一己化侮奪之心，為一世消忌欺術，⋯⋯仁者無傷惡之心，無隱忌之志，無嫉妒之氣，無惑愁之欲，無險詖之事，無關邊之行，故其心舒，其志平，其氣和，其欲節，其事易，其行道。」[3]

無論是國家領袖人物或政府工作者或企業集團領導人，都應當做智者，遇事不惑也，明辨利弊也，尤其在國際經濟大舞臺上的競爭，應精心策劃戰略，仔細研究對手之私欲，制定相應之策略，在商務談判過程中，才能立於不敗之地也。

案例：

美國工會起訴中國──輪胎特保案

1　《論語・子罕》，頁97。
2　《論語集釋》，頁625。
3　《論語集釋》，頁625。

中美貿易摩擦不斷，2009 年 9 月 12 日，中美發生了輪胎特保案。美國工會向美國國際貿易促進委員會起訴稱：由於中國出口到美國的輪胎劇增，使得美國輪胎生產企業關閉多家，造成 4400 名工人失業。似乎由於中國出口數量眾多的輪胎到美國，使得美國輪胎企業工人失業，美國媒體加大渲染，製造美國民眾對中國的不滿情緒。

　　中國橡膠協會派出代表團到美國去打官司，首席代表是位學橡膠的技術人員，很可能沒讀過多少國際貿易法律知識，所以在應訴時，未能抓住問題的關鍵予以有力的反駁。結果，中國橡膠工業協會輸了官司。為了報復美國，中國商務部門當時提出所謂「雞肉案」，要起訴美國，真是無知之至也。

　　實事果真如此嗎？孔子曾經告誡說：「視思明、聽思聰……事思敬，疑思問，憤思難……。」[4]我們的應訴代表在事實方面未能抓住問題實質，給予徹底的回擊。自 2004 至 2008 年，中國出口到美國的輪胎不到美國本土輪胎的 1/3，只有 17% 的份額，當時中國的輪胎廠商不集中，非常分散，出口到美國的輪胎大都經由美國在中國的銷售商出口到美國，其中美國的四大輪胎製造商關掉在美國的工廠，造成美國工人失業，他們卻跑到中國先後建立了 19 個輪胎廠，這些美國公司利用中國政府的優惠政策和廉價勞動力資源，在中國生產輪胎，再直接賣給美國汽車製造商和輪胎經銷商，賺取利潤。所以，應是美國的資本家們把美國本土的輪胎製造商擊垮了，造成 4000 多名工人失業。可是，中國應訴代表當時沒能抓住這個要害問題予以澄清和反駁，招致敗訴。而在中國發財的美國資本家們在聽證會時，卻悄悄地

4　《論語‧季氏》，頁 184。

溜之大吉了。

　　輪胎特保案雖已過去，那場官司國人仍記憶猶新，我們中國人在國際貿易爭端中，應該如何遵循孔子《論語》之教誨，遇事不惑，對事物之本質要看得明白，聽他人之言要聽得清楚，充分運用國際法理加以辯駁，不戰則已，戰則必勝也，真正做個智者，遇事才能體現「智者不惑」也。

三 勇者不懼

　　自 1840 年開始，面對世界資本主義的侵略，中國人民進行了無數次地英勇鬥爭。只要讀過中國近代史的人，那些耳熟能詳的愛國志士，如林則徐焚燒英國人的鴉片，關天培虎門炮臺的壯烈犧牲，廣州三元裏人民抗英鬥爭，太平軍及後來的義和團反洋人的義舉，尤為突出的是中國人民反對日本帝國主義的侵略，即八年抗戰。經過全國軍民的英勇抗戰，流血犧牲，終於取得了抗擊日本軍國主義的偉大勝利。

　　新中國成立之初，美帝國主義等西方國家對中國實行經濟封鎖。以美國為首的資本帝國主義發動侵朝戰爭，在剛剛打完八年抗日和三年解放戰爭，經濟非常困難的情況下，中國政府毛澤東先生毅然決定出兵抗美援朝。中國人民志願軍和朝鮮人民軍並肩作戰，把以美國為首的 16 國聯軍打到朝鮮的「三八線」以南，取得了抗美援朝戰爭的偉大勝利！充分說明中國人民是勇者，而勇者不懼怕世界上任何強大的敵人焉。

正如毛澤東先生所言：「我們中國人是有骨氣的。……多少一點困難怕什麼。封鎖吧，封鎖十年八年，中國的一切問題都解決了。中國人死都不怕，還怕困難嗎？」[5]

老子曾言：「民不畏死，奈何以死懼之？」[6]

老子之言是說：老百姓連死都不怕，還會畏懼什麼？人的生命是寶貴的，人生只有一次生和死。所以，每一個人都十分珍惜生命，熱愛生命。世界上幾乎人人都怕死。但是，有那麼一些人為了國家民族之利益，寧可犧牲自己寶貴之生命。

2500 多年前，有一天，子貢問政。子曰：「足食，足兵、民政之矣。」子貢曰：「必不得以而去，於斯三者何先？」曰：「去兵。」子貢曰：「必不得以而去，於斯二者何先？」曰：「去食。自古皆有死，民無信不立。」[7]

子貢經常給孔子出難題，他問老師如何處理政事？孔子說：國家糧食要充足，百姓有飯吃；軍備要充足，國防力量要強大；百姓對政府信任，就會支持政府。這三件事做到了，政府事情就做好了。

子貢又接著問：如果遇到特殊情況，迫不得已，在糧食、軍隊裝備、百姓信任三者之間要去掉一項，先去那一項？孔子說：先去掉軍備這一項。

5　《毛澤東選集》合訂本（北京市：人民出版社，1971 年 1 月），頁 1384-1385。

6　李耳著，陳才俊主編，陳陽、張曉華注譯：《道德經》（北京市：海潮出版社，2008 年 4 月），頁 334。

7　《論語‧顏淵》，頁 128。

子貢又問：如果再遇到迫不得已的情況下，在糧食和百姓對政府的信任這兩項中，再去掉一項，先去掉那一項？孔子說：先去掉糧食這一項。自古以來，誰都避免不了死，如果老百姓對國家失去了信任，那麼國家就會保不住了。

從以上老子、孔子兩位先哲所言完全可以看出，死不足惜，只要人民對國家信任，他們就會為國家的存亡犧牲生命。真正的勇者是人民，人民連死都不懼，還害怕什麼呢！

2010 年 9 月，為了保衛中國的領海主權，中國漁政船在船長詹其雄的率領下，頂住日本海上武裝船隻的攔截，強行駛向中國領海──釣魚島附近海域，顯示中國政府和人民的英雄氣概。

中國政府的領導人胸懷坦蕩，凡事講義，無論對國內百姓或是國際上貧困之邦，總是行仁義之道。但是，對資本帝國主義者們，中國仁人們卻必須做到「能好人，能惡人」也。

▤ 仁者無敵

孔子曰：「為仁者能好人，能惡人。」[8]

孔子之意是說，只有具有仁德的人，才能夠慎重地去喜愛值得喜愛的朋友，也才能夠去嚴肅地厭惡不好的人。

在《論語》二十篇 512 章裏，有的學者統計「仁」字有 105 個之多，可見，「仁」在《論語》和全部儒學中具有重大價值。《論語》

8　《論語·里仁》，頁 32。

首篇第六章，孔子曰：「弟子入則孝，出則弟，謹而信，泛愛眾而親仁，行有餘力，則以學文。」[9]只應是孔子在和門人交談中，第一次提出「仁」的觀點，在其餘的篇章裏，孔子及其門人談論「仁」字有百餘次之多也。

北京大學馮友蘭先生曾說過：「孔子強調仁和義，尤其是仁。一個人在社會裏行事為人，有他應循的義務，那就是他應該做的。但是這些義務的本質應當是『愛人』，即『仁』。」[10]

臺灣學者李澤厚先生也指出：「『仁』是儒學的根本範疇，是人性結構的理想。由『禮』歸『仁』是孔子創造性的貢獻。」[11]

為仁之人能觀察他人之好及他人之惡。好者好之，惡者惡之，故能好能惡也。「必先審人之所好所惡，而後人之所好好之，人之所惡惡之，斯謂能好能惡也。……仁者，人之極也，能審好惡之表也，故可以定好惡。……既極仁之昭，故能識他人之好惡也。」[12]

何謂「仁者無敵」？引《集注》曰：「惟之為言，獨也。蓋無私心，然後好惡當於理……好善而惡惡，天下之同情。然人每失其正心者，心有所襲而不能自克也。為仁者無私心，所以能好惡也。」[13]

人之好惡皆由心而達之事，所以能夠先無私而後當理。宋儒程子

9　《論語·學而》，頁4。

10　馮友蘭：《中國哲學簡史》（北京市：新世界出版社，2007年9月），頁37。

11　李澤厚：《論語今讀·八佾》（北京市：生活、讀書、新知三聯書店，2008年2月），頁28。

12　程樹德：《論語集釋》，頁130。

13　程樹德：《論語集釋》，頁130。

曰：「仁者天下之公。……得其公正無私心也。……蓋惟仁者好人之所好，惡人之所惡。必先審人之所好所惡，而後人之所好好之，人之所惡惡之，斯為能好能惡，非公正同情而和哉？」[14]

中國兩千多年來，歷朝歷代皇帝及封建統治者視孔子為聖人，奉儒學為國學，用儒家的優秀文化思想教育國人。在長期的儒家思想教育影響下，中國人堅持「仁愛」理念，對百姓愛之，對強盜恨之，並且進行過多次英勇的鬥爭。中國人民是仁者，「仁者能好人，能惡人」也，仁者無敵也！

100 多年來，資本帝國主義者處心積慮地對中國進行一次次的軍事侵略，肆無忌憚地屠殺善良的中國人民，激起全中國人民的英勇抵抗。

鄭成功收復臺灣：1616 年，民族英雄鄭成功率領軍隊進攻臺灣，與荷蘭殖民者進行了英勇的鬥爭，迫使荷蘭侵略者於 1617 年投降，臺灣從此回到祖國的懷抱。1684 年，清政府設置臺灣府，實現了國家的統一和海防的鞏固。

雅克薩之戰：1685 年、1686 年，為了維護中國領土的權利，清王朝康熙大帝派軍隊分水陸進攻被俄國佔領的中國領土雅克薩，給俄國侵略者以沉重的打擊，俄國軍隊損失慘重，被迫投降。

林則徐禁煙運動：為了抵制英國殖民者的鴉片，1839 年林則徐到廣州禁煙，他採取極為強硬的措施，迫使英美鴉片販毒分子交出鴉

---

14 程樹德：《論語集釋》，頁 130。

片 2 萬多箱。從 6 月 3 日到 25 日，林則徐下令，將繳獲的鴉片全部集中在廣州的虎門海灘，用生石灰灌進海水進行銷毀。這顯示出中國人民反抗外國侵略者，維護中華民族尊嚴的堅強決心也。

義和團抗擊八國聯軍：1900 年 6 月，英、俄、德、美、日、法、意、奧八國組成聯軍，悍然發動對華侵略戰爭。當時的義和團和清軍共同抗擊八國聯軍的侵略，在廊坊車站狠狠地打擊侵略者，迫使侵略者退回到天津租界。緊接著義和團和清軍在大沽口、老龍頭火車站紫竹林痛擊侵略者。義和團的反清滅洋鬥爭，充分說明中國人民能「好惡」也。

血戰臺兒莊：近百年來，中國人民不屈不撓，在反抗外國侵略者的鬥爭中寫下了壯麗的篇章。1938 年，日本侵略者進攻徐州，國民黨愛國將領李宗仁先生親自指揮 17 路軍，血戰臺兒莊，經過近 20 天的英勇奮戰，許多愛國志士壯烈犧牲，取得了抗戰以來正面戰場上的重大勝利！

在中國人民八年抗戰的過程中，中國共產黨領導廣大人民群眾，英勇抗擊日本鬼子的侵略，湧現出許許多多民族英雄，馬本齋、趙一曼、楊靖宇等一大批愛國仁人志士，拋頭顱，灑熱血，為中華民族生存流盡自己的鮮血，終於贏得了抗日戰爭的偉大勝利！仁者無敵也！

四 援朝抗美

新中國剛成立不久，百廢待興。就在 1950 年 6 月，以美國為首的世界資本帝國主義糾集 16 個同盟國，悍然發動侵略朝鮮的戰爭，

直接把矛頭對準新中國。面對強大的、來勢洶洶的美帝國主義者的挑釁，中國政府在國內困難重重的情況下，毅然作出組建中國人民志願軍赴朝作戰的決定，支持朝鮮人民抗擊侵略者。

中國人民志願軍於 1950 年 10 月 25 日開赴朝鮮，冒著嚴寒冰雪，在險惡的環境下，同世界上最強大的敵人進行了英勇的戰鬥，湧現出黃繼光、邱少雲等戰鬥英雄，至今國人耳熟能詳。新中國領袖毛澤東的長子——毛岸英壯烈犧牲在朝鮮的國土上。中國人民志願軍和朝鮮人民軍協同作戰，經過一年多的英勇殺敵，終於在 1953 年迫使美帝國主義退到朝鮮三八線以南，並於同年 6 月 25 日在板門店簽訂停戰協定，抗美援朝戰爭取得了偉大的勝利！這一壯舉亦充分說明：仁者無敵也！

五 「兩彈一星」與話語權

抗美援朝結束，鑒於美帝國主義稱霸世界，耀武揚威，為了性中國的國防，早在上世紀 50 年代末，毛澤東先生就說過：我們也要搞原子彈。當時的外交部長陳毅元帥也說，只要中國有原子彈，我這個外交部長腰杆子就硬起來了！在毛澤東先生的號召下，中國政府總理周恩來親自主持原子彈的研製工作。

1958 年開始，周恩來總理和聶榮臻元帥出面組織毅然從美國歸來的錢學森、鄧稼先等一批科學家，在條件非常艱苦的情況下，積極研製導彈、原子彈、氫彈和人造衛星。其間，蘇聯撕毀協議，撤走專家，並逼債，給中國施加壓力。當時赫魯雪夫說：再過 20 年中國也

搞不出原子彈。僅時隔 4 年，1964 年的 10 月 16 日，中國自行研製的原子彈試驗成功，打破了美蘇核壟斷；1970 年 10 月，中國第一顆人造衛星飛向宇宙，「東方紅」樂曲響遍太空。中國老一代科學家為發展中國的科學事業，作出了巨大貢獻，郭永懷等 8 位科學家獻出了寶貴的生命。尤其是鄧稼先因多年研製火箭受到核輻射的影響，患了肺癌，於 1986 年病逝，年僅 62 歲，可惜哉！

由於中國政府堅持自力更生，積極發展尖端科技，在國際舞臺上靠實力取得了話語權，美國政府派基辛格國務卿秘密來華，探究虛實。不久，聯合國以壓倒多數通過，恢復中華人民共和國的合法席位和安理會常任理事國的權利。

本章小結

中國人傳承古代優秀的文化精神，時時以儒家仁義道德作為行動的指南。仁者無敵，不怕強者，不欺弱者，不信邪、不怕鬼。在近代中國 100 多年的艱苦歲月裏，堅持救亡圖存，堅持自力更生，走振興華夏之路，終於自立於世界民族之林。但是，我們仍然任重道遠矣。尤其是世界資本帝國主義亡我之心不死，我華夏民族須時時警醒，察洋人之禍心，樹立弘志制勝也！

第二章

弘志制勝

■ 任重道遠

曾子曰：「士不可以不弘毅，任重而道遠。仁以為己任，不以重乎？死而後已，不亦遠乎？」[1]弘：寬廣、大。 毅：堅毅、剛毅、剛強、強而能決斷。

曾子：名參，字子輿，孔子的學生。曾子之意是說：一個讀書之人不可以無寬闊的胸懷，堅強的意志，剛毅的性格。要明白自己肩負重大的責任，道路遙遠。把實現天下仁德，作為自己肩上的責任，這個責任是非常重大的。奮鬥到死才停止，這難道不是很遠的嗎？

程樹德先生引《集解》包曰：「弘，大也。毅，強而能決斷也。士宏毅，然後能負重任致遠路也。」《集注》：「弘，寬廣也。毅，強忍也。非弘不能勝其重，非毅無以致其遠。仁者人心之全德，而必欲以身體而力行之，可謂重矣。一息尚存，此志不容少懈，可謂遠矣。」[2]

中國人要有「弘毅」之氣魄，胸襟要寬，眼光要明，氣度要闊。遇事要看得准，把握得穩，觀察事物要精細，處理問題要果斷。要有正氣。態度堅決，立場堅定。「道遠」之「道」，應是道路之道。中國要發展，要富強，要自立於世界民族之林，這條道路既寬又長。故曾子曰：「任重道遠」矣。所以，中國人尤其是知識分子，中國的企業家們，一定要「弘毅」，要強國之重任矣。即使奮鬥到停止呼吸，也在所不惜也。培養自己具有偉大·的胸襟、恢弘的氣魄、果敢的決

1　《論語·泰伯》，頁81。
2　程樹德：《論語集釋》，頁527。

心。一定要肩負起興邦

被譽為日本現代實業之父的澀澤榮一先生在 1916 年出版了《論語與算盤》一書，書中寫道：「我常常提倡『士魂與商才』。所謂和魂漢才，是說日本人必須以日本所特有的日本魂做根基。」[3]

澀澤榮一先生積極宣導日本人學習中國文化，他說：「只是由於中國歷史悠久，文化優越，加上有像孔子、孟子這樣的聖人賢者，所以在政治、文學和其它方面，中國都比日本發達，這樣，日本就必須學習漢土的文化、學術，以培養才藝。。」[4]

日本的澀澤榮一先生早在 20 世紀 20 年代，第一次提出「士魂與商才」的論述，極大地鼓舞了日本政界、金融界、商界，他積極宣導日本商人要做到一手拿《論語》，一手拿算盤，首創孔子《論語》與經商致富之緊密聯繫，宣導儒家積極的財富觀。並且身體力行，創辦了諸多企業，實乃企業領導者之良師益友也。

▤ 志不可奪

孔子曰：「三軍可奪帥也，匹夫不可奪志也。」[5]

程樹德先生引《考證》「淮南天文訓：……以五乘八，五八四十，故四丈而為匹。……匹夫，黃刑二疏以夫婦相匹言。……束帛之

3　澀澤榮一著，王中江編譯：《論語與算盤‧人生‧道德‧財富》（南昌市：江西人民出版社，2007 年 1 月），頁 2。
4　《論語與算盤》，頁 2。
5　《論語‧子罕》，頁 96。

制，二端為兩，每一兩為一匹。凡言匹敵匹耦，皆於二端成四取義。凡言匹夫匹婦，於一兩為匹取義。」[6]

古代軍事打仗，一方失敗可能統帥被俘，但是士兵的鬥志不可失去，做到「苟守其志」，失去統帥不能失去志氣。「三軍之勇在人，匹夫之志在己，故帥可奪而志不可奪。……有志則進，必如川流之不已；無志則止，必如為山而弗成……。」[7]

孟子曰：「吾知言，吾善養吾浩然之氣。……其為氣也，至大至剛，以直養而無害，則塞於天地之間。」[8]孟子之意是說：人要有一種氣，此氣是骨氣，是剛強之氣，是正義之氣，它塞於宇宙天地之間，勢不可擋也。只要有這種塞於天地之間之浩然之氣，一定會無所畏懼，不怕艱難險阻，不畏強大競爭對手，不達目的誓不甘休也！

1894 年中日甲午海戰，中國北洋水師愛國將領鄧世昌及 700 多名官兵沉入海底，壯烈犧牲。抗日戰爭時期，著名的狼牙山五壯士氣吞山河，這些先輩們凌雲壯志之豪氣，令世世代代中國人稱頌。

中國目前面對世界上極為強大的競爭對手，要立於不敗之地，首先要有志氣、勇氣、骨氣，但是遇事一定要冷靜，要善於「視、觀、察」，要繼承科學界先輩們的優秀傳統，做到「多聞闕疑」。

多聞闕疑

6　《論語集釋》，頁 618。
7　程樹德：《論語集釋》，頁 618、619。
8　楊伯俊譯注：《孟子譯注》（北京市：中華書局，2008 年 3 月），頁 62。

「子張學干祿。子曰：『多聞闕疑，慎言其餘；則寡尤；多聞闕殆，慎言其餘，則寡悔。言寡尤，行寡悔，祿在其中矣。』」[9]

子張：姓顓孫，名師，字子張，孔子的學生。干：求。祿：俸祿、薪酬、工資。闕：通「缺」，空，這裏指不明白的問題暫時放在一邊。

闕疑：即把有疑問的事情暫時存留一下，不盲目作判斷，下結論。寡：少。尤：過失，錯誤。

孔子有個學生叫子張，比孔子小 48 歲，可能是孔子弟子中年齡最小的。有一天向老師直截了當地請教如何做官，才能獲得俸祿，以孝敬父母，養活家人。孔子啟發他說：你要多聽些別人的見解，把有疑惑的問題先放在一邊，其餘的問題要小心謹慎地說出來，這樣做就能減少過失，避免犯錯誤；還有，要多看別人如何行事，遇有不懂或不明白的事情也要先放在一邊，其餘的事情也要小心地去做，就能少犯錯誤，減少懊悔。

孔子之言，告誡我們任何一個人說話要謹慎，要「先行其言而後從之。」不要說過分的話，切勿妄語狂言，大話空話連篇，似乎自己全能，最後根本不懂，丟人現眼，有損自己的形象；如果是在國際舞臺上和競爭對手進行商務談判，損失的不僅是個人形象，國家形象也受影響矣。前文論及的「輪胎特保案」中方之辯論，由於發言者言不及義，不懂之問題事先未能整明白，沒能「多聞闕疑，慎言其餘」，結果一敗塗地也。古人云：「事到萬難須放膽，宜於兩可莫粗

9　《論語·為政》，頁 16。

心。」[10]

中國有家企業鑫茂集團近日宣佈：正式放棄參加競購歐洲荷蘭的特雷卡公司，該公司是歐洲第三大電纜生產商。據 1 月 10 日路透社分析說：中國企業海外收購失利的最大原因仍可能在中國企業自身，缺乏充足的時間去精心準備必備之資料，也沒有請到有經驗的國際人才共同參與，制定並購細則。一位中國香港銀行家對此事作出形象比喻說：「沒有人會顧一個牙醫來主持心臟手術。」分析還說：鑫茂集團在操作收購過程中，沒有提供足夠而又具有說服力的公司翔實信息，相關資料少得可憐。鑫茂集團在與天津民生銀行商談融資上三緘其口，銀行當然是不會大膽地作出融資決定的。

中國鑫茂集團出價 10 億歐元，荷蘭的特雷卡公司沒有讓中國鑫茂集團並購，最後以 8.4 億歐元與意大利的普睿曼公司達成收購協議，比中國鑫茂公司少 20%。荷蘭人擔心中國鑫茂集團如果收購了特雷卡公司，電纜光纖核心技術——預制棒技術就會被中國人拿到，勢必會對歐洲企業界產生一定的影響。由此我們不難看出：世界資本主義國家對中國的認識和做法是一致的，儘管中國政府領導人訪問荷蘭，表面上受到荷蘭政府的歡迎，實際上他們只是應付而已。可見，中國人在世界舞臺上談生意，非常之不易也，故而要「多聞闕疑，慎言其餘」也。[11]

四 慎於言

10　南懷瑾：《論語別裁》（上海市：復旦大學出版社，2008 年 5 月），頁 111。
11　《環球時報》，2011 年 1 月 12 日。

孔子曰：「君子食無求飽，居無求安，敏於事而慎於言，就有道而正焉，可謂好學也已。」[12] 就：靠近。 道：道德，亦可指道路、方向。 正：糾正。

孔子之意是說：君子吃飯不要吃得太飽，一日三餐粗茶淡飯即可，勿大吃大喝，造成浪費。居住不要過分去講究，覺得舒適就可以了。但辦事情要敏捷，尤其是說話要謹慎，勿言大話、勿說狂言妄語。時時注意向有道德的人們請教，改正自己的毛病，做到這些可稱之為好學了。

新中國經過 60 多年的發展，尤其是改革開放 30 多年來，中國的國民經濟發展之快，令世界震驚。有統計資料稱：中國的 GDP 躍居世界第二位，在 5 年的時間裏，中國連續超過了意大利、法國、英國、德國、日本，這個數字令中國人高興，但也有人質疑它的真實性。中國發展再快，恐怕也不會有如此之速度，是否某個統計部門計算方法不精準而出了問題。

中國龐大的經濟體，是以中國有近 14 億人口數量和巨大資源消耗為代價的。中國人均 GDP 僅排在世界 100 位以後，人均收入遠不及美國和日本。有資料顯示：中國人均收入排在世界 100 名之後，尚有一億多百姓生活在貧困線以下。故中國民決不能驕傲自滿，沾沾自喜。從國家層面觀之，中國還未完全統一，臺灣省還有人妄圖搞「臺獨」，鬧分裂；中國與周邊還存在領土糾紛；中國政治制度還不被世界理解和認同；中國近幾年連續遭天災，造成的經濟損失非常之巨

12　《論語·為政》，頁 8。

大；中國的國防和技術還比不上發達國家，單就隱形飛機技術水準比美國至少落後 10 年，制空權、制海權都有限；中國內部政治體制改革滯後，貪官腐敗「前赴後繼」。所以，中國的發展必將還會遇到許許多多的困難和阻力。中國政界、經濟企業界的領導者們決不能花天酒地，決不能貪圖安逸，講究高檔衣食住行。要向古人衛公子荊和閔子騫學習，「善居室」，「依舊貫」，「苟合矣，苟美矣。」

中國發展了，引起國際資本帝國主義者們的恐懼，他們編造種種理由，製造「中國威脅論」，圍堵打壓中國。凡是中國人在世界上辦事，沒有哪一次不遭到美國為首的資本主義者們的搗亂，故意製造貿易摩擦。所以，中國仁人們必須「能好人，能惡人」，慎於言，敏於行。勿自誇，多務實，媒體宣傳寧可保守一點，切勿胡吹侃大山，多保存自己的實力，以免資本帝國主義者們借機尋找口實，編造「中國責任論」。

老子曰：「有無之相生，難易之相成，長短之相形，高下之相傾，音聲之相和，前後之相隨。」[13]

老子是中國道家學派的創始人。他的《道德經》一書，雖然文字只有五千餘言，但寓意非常深刻。孔子曾經問道於老子，受益匪淺矣。上段文字講的是世界萬事萬物從無到有，從空到實。「虛空可生出萬物，萬物可散而歸於虛空。無從虛中生，有從無中來。無可化為

---

13 任法融：《道德經釋義》第二章（北京市：東方出版社，2009 年 12 月），頁 30。

有，有可化為無。有無永遠處於相互轉化之之中。」[14]

治理國家，振興民族，舉辦實業，搞建設，謀發展，使國之昌強，民之富裕，皆是從無到有，從小到大，從弱到強。做事做人必須慎之又慎，萬不可掉以輕心，不可張揚，否則，有化為無，高化為下，富化為貧。這就是老子的辯證法。

楊忠、李文先生在《做人不要太張揚》一書中說：「過於張揚，烈日會使草木枯萎；過於張揚，滔滔江水將會決堤；過於張揚，好人也會變得瘋狂；瘋狂就會使人跌入萬丈深淵。……藏而不露是一種魅力，藏鋒是一種自我保護。」[15]

歐洲古代偉大的哲學家亞里斯多德曾經說過：「目標的高標準與身體的低姿態和諧統一，是造就厚重與輝煌人生的必要條件。」（楊忠、李文編著《做人不要太張揚》，地震出版社，2009 年 10 月，頁177）做人要低姿態，做事要高起點。「君子要先行其言而後從之。……要訥於言而敏於行。」這是先賢孔子之教誨，告誡人們要學會自我保護，先做而後說。國家亦更需自我保護，別當「出頭鳥」，別出風頭，否則很可能引起「小人」之嫉妒，招來災禍也，以至於喪命矣。

2010 年 8 月，美國發表了一份美國軍力報告，竭力挑撥中國和周邊各國之關係。這份軍力報告，被中國周邊一些國家的觀察家們當

14　任法融：《道德經釋義》第二章（北京市：東方出版社，2009 年 12 月），頁30。

15　楊忠、李文編：《做人不要太張揚》（北京市：地震出版社，2009 年 10 月）。

做《聖經》研讀。印度、日本、反應極為強烈，日本著急海上安全，印度憂心邊境導彈。當日，日本《產經新聞》以南海為主題，發表社論，要求日本重視中國在南海的高調姿態，同美國、越南、印度等國聯手共同抑制中國。美國人編造謊言，恫嚇中國周邊國家，竭力誇大中國的實力。實際上美國是世界上頭號強國，它的能力可以打到全球任何地方，以至於太空網站。美國 2009 的軍費為 7000 億美元。而中國只有 1500 億美元，只有美國的軍費的 25%，不難看出，中美實力對比之懸殊矣，你美國人還怕什麼啊。

所以，中國人向世界宣傳時，應把握分寸，千萬勿「過」亦勿「不及」也。美國人認為：你中國經濟發展了，你出口商品多了，影響了美國的企業生存，所以他們不時搞「反傾銷」，徵收高額關說，給中國的出口企業帶來巨大的經濟損失。同時美國人揮舞碳排放大棒，逼著中國搞所謂的節能減排。今年 3 月，歐盟制定反飛往歐洲的外國航空公司，從 2012 年開始，要支付碳排放稅。中國民航四大企業——國航、南行、東航、海航粗略計算，每年要支付 7 億多元人民幣給歐盟。5 年要支付 35 億多元，加重了中國民航企業的成本，而國內為了推行減排，去年 11 月份，安徽省的全椒縣等地方為了完成「減排」指標，天天停居民用電，持續 20 多天，受到中央電視臺的批評後，才恢復正常供電。

五 以直報怨

或曰：以德報怨，何如？子曰：「以直報怨，以德報德。」[16]

16　程昌明譯注：《論語·憲問》（太原市：山西古籍出版社，2001 年 6 月），頁 161。

以德報怨乃道家之理念。《道德經》第四九章云：「聖人無常心，以百姓心為心。善者吾善之；不善者吾亦善之，德善。信者，吾信之；不信者，吾亦信之，德信。」[17]

任法融道長說：修道的聖人，「他們無私無偏，不固執個人之見；他們大公無私，不貪名利，而以百姓之心為己之心，以萬民利益為至上，能熱愛百姓，處處為百姓著想，先天下之憂而憂，後天下之樂而樂」。

道家主張：「善者吾亦善之；不善者，吾亦善之，德善。」即以德報德，以德抱怨。而以孔子為代表的儒家認為，以德報德是對的，如果對不好之徒，尤其是對不忠信誠實者，仍以德相報，那麼，對德者如何相報呢？如果對刁鑽之徒，對狼子野心者，以德相報的話，那就是良莠不分，是非不明也。

道、佛兩家均宣導人要寬容大度，如是對貧民百姓、對善者，講包容是可以的，用德政去教化民眾，提高他們的覺悟，並幫助他們解決生活困難，這些理念和儒家積極提倡仁政是相一致的。但是，對那些嚴重違法亂紀、為非作歹之徒，只有「齊之以刑」；對外國侵略者只能針鋒相對，堅決地回擊，毫不手軟。對壞人講仁慈，就是對人民的殘忍。所以，我們必須遵循孔子之教誨：以德報德，以直報怨也！

何為德彝「德者，恩惠之德也。……（唐以前古注）皇疏：所以不以德報怨者，若行怨而德報者，則天下皆行怨以要德報之，如此者是取怨之道也。……《集注》：言於其所怨即以德報之矣，則人之有

17　任法融：《道德經釋義》（北京市：東方出版社，2009 年 12 月），頁 196。

德於我者又將何以報之乎？」[18]

直：意為不彎曲，直線、直立；亦可釋為公正合理，是非曲直，理直氣壯；使直;把彎曲的伸開，把不合理的不公正的事情變為公正的，符合民心民意。

當今，中國面臨世界資本帝國主義者的嚴重威脅，如之何？是「以德報怨」？還是「以直報怨」？中國人民自 1839 年開始，就被外國侵略者欺辱，100 多年的半殖民地生活，受外國人統治、歧視。上海的外灘黃埔公園門前掛著「華人與狗不得入內」的牌子，在外國侵略者的眼裏，中國人是條狗，簡直是奇恥大辱也！

1949 年新中國成立，中國人民站起來了！解放 60 多年來，外國資本帝國主義者再在中國國內耀武揚威是不可能的了，但他們經常變換手法，企圖對中國的經濟建設進行控制。他們借中國的改革開放之機，採取各種手法，瓦解中國的民族工業。早在 1999 年，當時中國第一、世界第五的電池生產商——福建省的南平南孚公司，為了改進公司治理結構，引進外資，但他們竭力避免被美國的吉利公司所併購。起初，美國的摩根斯坦利公司和南孚公司洽談合資並購，到了 2002 年，摩根對南孚實行了控股，到 2003 年他們便把所持股權全部轉讓給美國的吉利公司，使得南孚公司喪失了民族品牌，上了美國人的當，對摩根公司奈何不得矣。

中國華夏民族是禮義之邦，老祖宗宣導的厚德載物傳承了幾千年。今天的中國人遍佈世界各地，憑藉自己的辛勤勞動，謀取生計，

18 程樹德：《論語集釋》（北京市：中華書局，2008 年 2 月），頁 1017。

同時也展示著中國優秀文化，和各國人民友好相處。但是，還時不時的受到外國政府和一些人的欺侮，製造麻煩，干擾我華人的正常經營，是可忍孰不可忍也！如之何？「以直報怨」也。

六 暴虎馮河

上文引孔子「以德報德」，「以直報怨」教誨之言，以增強中華民族之信心，識別是非曲直之能力，制定「以直報怨」之方略，提高「以直報怨」之本領也。

程樹德先生指出：「德有大小，皆所當報，而怨則由公司曲直之不同，故聖人之教，使人以直抱怨，以德報德。以直云者，不以私害公，不以曲勝直，當報則報，不當則止。」[19]

子謂顏淵曰：「用之則行，舍之則藏，唯爾與我有是夫？」

子路曰：「子行三軍則誰與？」

子曰：「暴虎馮河，死而無悔者，吾不與也。必也臨事而懼，好謀而成者也。[20]

一天，顏淵、子路和孔子在一起談話。孔子遭權臣嫉妒，始終不得志。孔子先對顏淵說：如果國家用我時，我就實行我的政治主張，治理國家，如果國家不用我，就把他藏起來。能做到這樣的人，恐怕只有你和我了。

---

19 程樹德：《論語集釋》，頁 1017。
20 《論語‧述而》，頁 68

此時，子路在一旁聽了之後，似乎有些不開心，認為孔子讚揚了顏淵，沒有表揚他，看不起他。於是他說：如若叫你率領三軍去打仗，你用誰呢？

子路性直，無所取材，有時候不明事理。這時，孔子打個比方說：徒手與虎搏鬥，不會游泳卻徒步過河的莽撞之人，我是不會和他一起共事的。和我共事的必須是遇事非常謹慎、善於謀略之人。光憑勇敢，莽撞行事，不講策略，是無法取得成功的。

和敵人作鬥爭要講究策略，要十分注意謀略，切勿輕率和莽撞，否則必然會導致失敗。軍事戰爭是你死我活的搏殺，指揮官稍有不慎，很可能全盤皆輸也。

企業之間博弈，一般不會像軍事打仗那樣，用槍炮攻擊對方，硝煙彌漫，殺聲震天。企業競爭取勝的因素很多，即要靠產品品質，靠商品價格，靠優質服務，博得顧客的讚許認同。更靠人脈，靠朋友支持，方有可能取得成功。這是指國內市場競爭的一般規律。

國際上的競爭博弈如何取勝？這恐怕比做國內貿易要複雜得多。和外國人打交道，我建議要把握以下幾個方面：

第一，若是賣商品，要熟知採購國的法律法規，認真學習他們國家同類商品生產的標準和相關技術規範、工藝要求。

第二，要研究採購國使用所需商品的使用地點和使用環境。即使是同一種商品，在同一個國家的不同地區，一些細節要求也應有所區別。

第三，商務談判，要認真研究對方的相關信息，制定談判計劃，還要特別注意對方的語言、臉色、態度、表情……牢記孔子「君子有九思」之教誨，注意談判藝術和技巧。用詞表述精準，語言流暢。既充分體現態度之誠懇，又切勿急於求成；心態平和，風度、溫度、節奏均要適中。

第四，要十分注意競爭對手，精細研究對策，用他人之長，補己之短。一般情況下，切勿說競爭對手之壞話，可適當宣傳競爭對手之長處，不可公開樹敵，以免增加競爭難度。

第五，如若談判競爭成功，在正式簽訂合同文本之前，要仔細閱讀外方起草的合同文本，仔細推敲每個字詞章句，一點都馬虎不得。視思明，聽思聰，疑思問，完全看明白了，經過授權代表確認，方可簽字。

第六，一旦遭遇反傾銷貿易摩擦，要聘請有相當權威的國內外律師組織，起草應訴文稿，充分選擇相關法律，論證充分，理由充足。聽證會上發言者語言要流暢。前文提及「輪胎特保案」聽證會上，中方應訴代表在準備不充分，美國輪胎市場相關行情和重要技術資料未搞清楚的情況下，盲目應訴，言不及義，以敗北而告終，使中國出口的輪胎遭受到巨大的經濟損失。

中國企業採購外國商品，同樣要有充分的準備。

中國是世界上消費鐵礦石的大國，在澳大利亞商務談判桌上，中國卻沒有話語權，真是氣死人也！、

中國在 2002 年之前，幾乎不進口鐵礦石，自產自銷。隨著中國經濟快速發展，對鋼材的需求猛增，進口鐵礦石已成定局。世界最大的鐵礦石生產商是澳大利亞的力拓公司和必和必拓公司，還有巴西的淡水河谷公司。這三家鐵礦石公司幾乎壟斷了全球的鐵礦石市場，世界各國需要鐵礦石，就必然要找這三家之中的任何一家。中國前幾年鋼鐵企業幾乎各省都有，非常分散。一些小型鋼廠竟然跑去澳大利亞找上門，和力拓公司談採購鐵礦石。而中鋼協起步較慢，且不掌握力拓等外國公司的遊戲規則，雖經過較長時間的討價還價，力拓公司就是不降價，使中國損失 7000 億元人民幣。

　　後來，中鋼協企圖繞過澳大利亞的力拓公司，跑到巴西去找淡水河谷公司，殊不知巴西的淡水河谷河和力拓是一個鼻孔出氣的密友，他們拒絕了中國的要求，等於扇了中國鋼協一記耳光。

　　照常理講，中國是買方、需方，卻沒有一點話語權，外國人態度十分強硬，你中國人愛買就買，不買亦無所謂。站在一旁的日本人卻輕鬆自如，早在 20 世紀 60 年代，在世界經濟不景氣的情況下，日本的三井株式會社就跑到澳大利亞洽談收購力拓公司的股權，從而獲得了長期穩定的鐵礦石資源。2003 年，日本三井株式會社公司又去巴西收購了巴西淡水河谷母公司 15%的股權。日本的三井公司又與澳大利亞力拓、必和必拓公司簽訂了共同開採鐵礦石的協定，使三井公司控股的鐵礦石產量成為世界上第四位。

　　上述中國鋼協採購澳大利亞、巴西鐵礦石商務談判失敗之教訓，實在令人難以理解，泱泱近 14 億人口之大國，在國際競爭中，似乎

屢戰屢敗，原因何在呢？國家政府花費巨大投入，養活了眾多的商務官員，卻為何總是戰而不勝呢？如何向國人交代焉。[21]

所以，中國人無論做出口或進口貿易，應以智制勝，多思多聞、多學多察，疑思問，不懂之事則暫時「多聞闕疑，慎言其餘」也。

本章小結

本章主要研究面對當前世界資本帝國主義者的經濟入侵，中國的經濟建設困難重重。要真正把近 14 億人口的中國，建設成高度繁榮的現代化國家，任重道遠矣。故而我華夏民族要立強國興邦之志，弘志制勝。要「多聞闕疑」，要訥於言，敏於行。要「以直報怨」，講究競爭之方略。要努力提高政界、商界領導者的觀察力，「就有道而正矣」。

21　郎咸平：《新帝國主義在中國》第三章（北京市：東方出版社，2010 年 6 月），頁 41-49。

第四章

觀察力制勝

▇ 觀察力

孔子曰：「視其所以，觀其所由，察其所安。人焉廋哉？人焉廋哉。」[1]

這是偉大孔子教導後人觀察人和事的思維方法。孔子說：要瞭解世界上每一個人的所作所為，可以看他做事的目的，仔細觀察他是如何做的，還要看他做這件事的情緒和表現。只要如此觀察此等人的言行，他們的內心動機怎麼可能藏得住呢？是藏不住的。

程樹德先生引（唐以前古注）黃疏：「視，直視也。觀，廣瞻也。察，沉吟用心忖度之也。」「為善者為君子，為惡者乃小人。觀比視為詳矣。」[2]視：用目看之，往往先於事物表面之現象；觀：比視更進一步，範圍要廣一些，要深一些。觀與察：含用心思考、揣度、琢磨也。所以，孔子曰：視其所以，看到事物是什麼樣子；觀其所由，看到的事物為什麼是這個樣子；察其所安，居心何在。故人生活在社會裏，不時與他人交往，就必須仔細觀察他人的內心動機，以免上當受騙焉。

觀察：仔細考察，細心觀察他人之言行；對事物的認識，看法；觀念：思想，理性認識；客觀事物在意識中構成的形象。[3]

今天，我們學習孔子的教誨，領悟聖賢之哲理，把握三個要點觀察人。首先，「視其所以」，看清是善還是惡，善者是君子，可親近

---

1 程昌明譯注：《論語・為政》，頁 14。
2 程樹德：《論語集釋》，頁 93。
3 《新華字典》（北京市：商務印書館，2001 年 8 月），頁 67。

也，可交也，可處也；惡者乃小人也，可遠也，可反制也。要看請們的內心動機和目的。第二，「觀其所由」，由：從也，行也。研究他產生動機的源頭和行動的過程。第三，「察其所安，」意思是再看此人以前做過些什麼事情，做過哪些好事或壞事，是否安分了？遵尋此三點察人觀事之思想方法，就會「人焉廋哉？人焉搜哉。」這個「廋」是指逃避、隱匿之意。好人壞人是隱藏不住的。也就是說，觀察人既要看清他的動機、目的，又要看他怎樣行動的。

孔子曰：「巧言令色，鮮矣人。」[4]巧：好。令：善。鮮：少。

孔子之意是說：一些人滿口說些花言巧語，滿臉裝出和善的樣子，顯得虛情假意，討好他人，以達到自己之目的，這樣的人是根本不具有「仁德」的，亦是不可交的。

我們在和資本主義國家交往的過程中，要謹防巧言令色之徒，他們往往表面上裝出和善的樣子，內心裏卻在打壞主意，想歪點子，處處想占中國人的便宜。這方面的事例很多也。所以，中國企業領導者、經營者在和外國人做生意時，千萬勿聽他們的花言巧語，勿被別有用心的洋人假象所迷惑焉。

孔子曰：「我未見好仁者，惡不仁者。好仁者，無以尚之；惡不仁者，其為仁矣，不是不仁者加乎其身。有能一日用其力於仁矣乎？我未見力不足者。蓋有之矣，我未之見也。」[5]

4　《論語·學而》，頁2。
5　《論語·里仁》，頁34。

這裏孔子又在講喜歡講仁的人去討厭不仁的人，這樣的人是很少的，連孔子都未見過。是何原因呢？因為想做仁者的人，處世做事都先考慮他人，為他人著想；而仁者看見不仁者的言行就很反感，故而不想讓不仁者惡劣言行加害到自己的身上。這是指思想修養而言，實際上是孔子告誡仁者對不仁者要防備受到欺騙，所以勿要被不仁者「加乎其身」也。

還要注意的是，仁者如何識別不仁者？這就要遵循孔子之教誨：「視其所以，觀其所由，察其所安。」看明白，靜觀其言，察其所行，那些外國佬的騙人的伎倆還能藏得住嗎？

孔子曰：「人之過也，各於其黨，觀過，斯之仁矣。」[6]過：過錯。 黨：集團，類別。 斯：那麼。 仁：通人。

世界上有數百個國家和地區，每個國家裏又有許多黨派。每個國家或黨派都有自己的利益所在。就像社會上有眾多企業和企業集團一樣，每個企業都有自己的利益目標。而每個人都從屬於各自企業的利益集團，他們的言行代表各自集團的利益。中國商人和外國商人的是與非，優點與缺點，只要觀之，就能夠知道他們是代表哪個國家或集團的利益了。所以，只要學會「觀」之，就能夠分清是非好壞，觀察力亦隨之而逐漸形成矣。

宰予晝寢。子曰：「朽木不可雕也，糞土之牆不可污也。於予與何誅？」子曰：「始吾於人也，聽其言而信其行。今吾於人也，聽其

6　《論語·里仁》，頁34。

言而觀其行。於予與改是。」[7]污：抹牆。 誅：責問，譴責。

孔子有個學生叫宰予，不愛學習，大白天在寢室睡覺。孔子很是生氣。說宰予是朽木不可雕也，猶如糞土一樣的土牆不能粉刷了，意思是不可救藥了。為此，孔子自責說：當初只輕信了宰予的言辭，就信其行了；現在看一個人不僅要聽其說話，更重要的是要觀其行了。這裏孔子以宰予為例，說明對一個人好與壞評論，既要聽其言，更要觀其行也。只有多觀其行，才能識別他人之優劣也。

近年來，資本帝國主義者洋人們對中國採取了極為卑鄙的手段，從多方面對中國實行經濟掠奪。下面略舉幾例，視外國資本主義在中國之所以，是善還是惡？觀其所作所為之動機和目的，就可以看清他們一貫的本質和禍心了。只要我們中國人遵循先聖之教誨，「視思明，聽思聰……聽其言，觀其行。」惡人之一切言行是無法藏匿的。

■ 樂乎悔乎——杯酒失良種

2000 年，美國有一家研究農作物種子的公司叫孟山都，派出代表團來到中國，對中國農業科學研究院進行所謂「友好訪問」。中國是禮儀之邦，有朋自遠方來，不亦說乎。我方請他們吃飯，席間暢飲中國國酒——茅臺和五糧液老酒，主賓同歡。美國孟山都訪問結束之時，送給中國農科院一粒所謂多油的大豆種子。禮尚往來也，中國農科院也送他們一顆經過中國農業專家們精心培育的優質大豆種子。美國人欣喜若狂，如獲珍寶，立刻收藏起來，帶回美國後，組織人力認

7　《論語·公冶長》，頁 44。

真研究分析中國優質大豆基因。

2001 年，孟山都把從中國騙回去的大豆種子做了最尖端的研究和分析，找到了中國大豆種子高產及抗病毒基因。緊接著孟山都在全世界 101 個國家包括中國在內申請了 64 項專利。此時中國人用自己研製的優質大豆種子，還要向美國的孟山都支付專利費。中國人很是惱火，質問美國人為何你們拿了我們送給的大豆種子，到處搶注專利？美國人說你們中國人自己沒有申請專利，而我們卻在你們中國註冊了大豆技術專利，並且揚言說：你們中國人今後用這種轉基因大豆做種子，都跳不開我們獲得的 64 項專利，你們還要向我們支付專利費，否則，我們要到世界法庭上告你們中國侵權。這幫洋人簡直是強盜也，無賴也！

中國種植大豆有悠久的歷史，早在遠古的黃帝時代就開始大豆的種植了。1995 年以前，中國每年都有大豆出口；到了 2000 年以後，中國進口大豆突破 1000 萬噸，成了世界上進口大豆最多的國家。本來中國的大豆產量居世界第一，可是近 10 多年來，中國的大豆產量退居繼美國、巴西、阿根廷之後的第四位了。

美國人不僅控制了國際大豆種子專利，還控制世界大豆的價格。2003 年，美國芝加哥期貨市場大豆為 540 美分，到 2004 年猛漲到 1060 美分，每噸相當於從 2300 元漲到 4400 元。這就是美國人的陰謀。他們的狼子之心就是叫你中國壓榨企業破產，而中國的諸多壓榨企業產生了恐慌心理，於 2004 年以每噸 4300 元的高價，在美國搶購了 800 多萬噸大豆。

中國大豆油生產企業剛從美國以每噸 4300 元的高價，進口 800 萬噸大豆，裝載大豆的船還沒靠岸，美國大豆價格每噸一下跌到 2000 元，使得中國的壓榨企業沒有開工就關門倒閉了。此時，美國人趁機以低價收購中國的壓榨工廠，他們幾乎在很短的時間裏，控制了在中國 70% 的壓榨企業，如中國的金龍魚就是外國的益海嘉裏集團的屬下公司，這個益海嘉裏在中國有 38 家工廠和貿易公司。目前，外資控制或參股金龍魚、福臨門、魯花等主要品牌，中國人每天食用油須從美國人那裏購買，不是要看美國華爾街洋人的臉色嗎？他們說提價就提價，直接影響到中國百姓的生活。

中國每年消費大豆約為 5000 萬噸左右，其中 70 至 80% 依靠進口，主要從美國和南美國家採購。中國是全球從美國進口農產品最多的國家，也是美國大豆的最大採購國。有專家統計，中國僅食用油種植面積大約需要 7 億畝，而全國的糧食種植面積總共才 18 億畝，幾乎需用一半的國土面積種植油料作物。而 2010 年全國大豆的種植面積才 1.5 億畝，與實際需要的土地面積相差之大是顯而易見焉。

鑒於國家的糧食安全，諸多專家提出許多非常好的建議和對策。例如：加大對國產大豆非轉基因科技研發的投入，不斷提高國產大豆的產油率，逐漸形成綠色食品鏈，盡最大努力減少從美國進口大豆，以免受制於資本帝國主義。同時對研製的新科技成果抓緊申報專利保護，接受飲茅臺酒而被美國孟山都騙取中國優質大豆種子之教訓，可謂杯酒失良種矣。

中國政府對糧食種植給予了補貼，是否還應該把大豆種植的補貼

再加大投入一些，把收購大豆的價格再適度提高一點，以刺激農民朋友種植大豆的積極性。這樣做可能影響到食用油的價格，加重百姓的經濟負擔。我想國人是會理解的，也是避免受制於外國佬不可或缺的重要措施也。

上述請美國洋人飲茅臺酒而失去大豆技術機密的教訓，令國人深思矣。

在國際經濟舞臺上，只有對競爭對手「視其所以，觀其所由，察其所安」，看清他們的動機，研究他們曾經的所作所為，弄明白他們居心何在，再制定應對策略，切不可一味講「仁義道德」焉。

列寧曾經指出：「金融資本造成了壟斷時代。而壟斷組織則到處實行壟斷的原則：利用『聯繫』來訂立有力的契約，開放市場上的競爭。……在這種情況下，特別大的企業之間訂立的契約，按照施爾德爾的說法，往往『接近於收買』。」[8]

三 剖析孟山都欺騙之技巧

上文提到美國有個種子公司叫孟山都，就是如列寧所說的典型的國際壟斷組織。他們採取極其卑劣的手段，拿到中國的優質大豆種子，在世界包括中國申請專利，轉回頭控制中國的食用油壓榨企業，控制中國百姓的日常消費。之後，美國的孟山都又把毒手魔爪伸向中國的玉米種植業。

8　列寧：《帝國主義是資本主義的最高階段》（北京市：人民出版社，2001 年 4 月），頁 56。

美國是世界上最大的玉米種植國。2009 年美國的玉米種植面積高達 9045.4 萬畝，產量占世界的 40%，出口占世界市場的 60% 以上。美國人把一部分玉米賣到國外，一部分用來加工乙醇，作燃料，稱之為綠色環保燃料。

2008 年之前，中國玉米的年產量是 1.61 億噸，美國是 3.68 億噸。美國人擁有這麼多的玉米，除了一部分用作飼料，有 33% 的玉米用來加工乙醇做燃料，並大量出口到國外賺取利潤，價格全由美國人說了算。

美國人從未忘記打中國人的主意，他們企圖操縱中國的玉米市場。中國的東北是玉米的最大產地，僅黑龍江就有 5900 萬畝種植玉米，美國人不去東北，孟山都跑到原本不生產玉米的省份——廣西自治區，遊說當地政府，到 2009 年，廣西種植玉米面積達 1026 萬畝。美國人研製的迪卡 007 號玉米，畝產 463 公斤，比中國玉米平均畝產量高 73 公斤。不久，孟山都又推出 008 號玉米種子，當地的農業科學研究院在沒有掌握 008 號玉米基因特性的情況下，當地政府居然用紅頭文件大力推廣之。美國人不收專利費，以低價賣給廣西農民朋友種植，顯得一副「仁慈」的面孔。

美國人會如此善良嗎？偉大的先聖——孔子早已經告誡過我們，要「視其所由，觀其所以，察其所安」也。廣西農民用孟山都 008 號種子種植的玉米，第一年能抗病毒，等到第二年、第三年種植，問題就暴露出來了。原來，008 號玉米種子只能在第一年有效抗病毒，第二、第三年抗病毒能力大大衰減了。怎麼辦？要用特效農藥，世界上

只有孟山都和德國的巴斯夫公司生產這種特效農藥，它們是姐妹公司。所以，當地農民只有兩個選擇：一是高價買孟山都的農藥，一是再買孟山都 008 號玉米種子。這似乎就是在輸入新的鴉片呀！洋人對中國採取的是無硝煙的戰爭也！

中國有近 14 億人口，糧食安全關係 14 億人的生活、國民經濟發展、社會穩定和國家的自強自立。如果外國資本主義一旦控制了中國的糧食生產，就是控制了中國的經濟命脈，他們說提高糧食價格就提高價格，必將造成社會動盪不安。

中國中央政府出臺許多檔，保障關乎國計民生的糧食種植土地嚴格控制在 18 億畝。可是，各地方政府的財政收入近年來主要靠賣土地，作為地方政府 GDP 增長的支柱。例如，安徽皖東某縣級市，全市企業 2010 年繳納國稅、地稅金不超過兩億元，而財政收入達到 10 億元，80% 收入靠出賣土地。全國有若干地市縣級政府不顧中央的檔規定，超標賣地，受到中央政府的約談和媒體曝光。2011 年 4 月 22 日晚，央視焦點訪談播出河南省的新密縣政府分管國土之官員，不顧農民之根本利益，批給一個叫「皇帝宮」的企業 28000 畝農田，搞所謂旅遊專案，強行拆除農民之房屋，在農民之命根──土地上強行開挖大坑，惡意毀壞莊稼，嚴重傷及諸多農民之利益也！是可忍孰不可忍焉！

2011 年元月，中國政府出臺了許多惠農政策，提高糧食收購價格，鼓勵農民種植糧食。但是，一些地方卻出現了怪現象：政府抓糧食，GDP 上不去；農民種糧食，收益上不去。不少農村大片土地幾

乎無人耕種。

2011 年 1 月份，中央為調動農民種糧的積極性，制定了新的惠農政策，提高糧食收購價格；補貼農民購買農業機械；撥專款興修農田水利。中國中央政府的一系列惠農的利好政策，得到農民朋友的熱烈歡迎。

這裏我要特別提醒的是：謹慎利用外資開發農業，嚴防上外國資本帝國主義洋人們的圈套，謹記孔子只教誨：「放於利而行，多怨。」[9]一些地方政府官員為了招商引資，貪圖一時之利，盲目答應外國人的要求，未能仔細「視、觀、察」，造成巨大的風險，故請某些政府官員謹記廣西地方政府盲目引進美國玉米種子之教訓也。

2011 年 4 月 19 日，中國中央電視臺報導一則消息稱：山東省某地農村菜農購買了荷蘭的茄子種子，第一年生長良好，第二年發生病蟲害，只有再去買他們的種子，而且價格上漲 1 倍還多，令菜農們叫苦不迭也。中國各省幾乎都由國家出資金辦農業大學，連老百姓餐桌上的茄子都要買外國人培育的種子，在中國農村栽種，真令國人可笑與擔憂也。

正如列寧所指出的：「帝國主義，或者說金融資本，是資本主義的最高階段……金融資本對其它一切形式的資本優勢，意味著食利者和金融寡頭占統治地位，意味著少數擁有金融『實力』的國家處於和

9　《論語・里仁》，頁 36。

其餘一切國家不同的特殊地位。」[10]

四 揭開收購之「面紗」

新中國誕生之後，中國的國防得到相當的發展，尤其是早在上世紀 60 年代的 1964 年，中國的第一顆原子彈研製成功。在之後的年代裏，中國在大力發展經濟的同時，積極發展軍事科學，使中國的國防大大加強，令資本帝國主義者們不敢輕舉妄動，不敢對中國使用武力。

然而，世界資本帝國主義者們採取了更為狡猾的手段，對中國進行經濟控制，上面大豆、玉米案例，足以說明資本帝國主義者們手段之狡猾。

20 世紀 80 年代末期，中國政府鑒於當時的經濟形勢，制定許多吸引外資的優惠政策，加大引進外資的力度。外資在中國享有許多特權，如土地、金融、稅收等方面比國內企業享有諸多優惠條件。他們利用中國廉價的勞動力，加上政府的優惠政策，開始大賺鈔票。有關部門統計：從 1990 年到 2004 年，外國資本家們從中國匯出的利潤達 2506 億美元，70%的美國公司在華盈利。當時中國的 GDP 總量 40% 是外資創造的，應當說外資對促進中國經濟發展有一定的貢獻。

可是，我們應當保持高度的警惕。外資的進入，一方面推動了當時中國經濟的發展，同時，許多中國公司為外國公司控股或參股。中

---

10 《帝國主義是資本主義的最高階段》（北京市：人民出版社，2001 年 4 月），頁 51。

國進出口貿易中 55%是外國公司在華生產的商品，輪胎行業 80%是外國公司，75%的汽車零部件行業是外資公司，中國整車 80%的品牌是外資公司。彩電行業的平板電視 60%至 70%也是外資，電腦作業系統 95%是外資提供，英特爾的 ePU 佔據了中國市場的 85%的份額。食用油的 85%被外資控制，高檔膠印機 70%至 80%為外資控制。如果外國資本主義大公司長期控制中國的諸多行業，將是非常危險的，它影響到國家經濟命脈，威脅到國計民生、乃至於威脅到國家的安全矣。

外國資本氣勢洶洶地進入，逐步壟斷或控制中國的民族工業，形成巨大的威脅。2008 年 8 月 1 日，中國政府頒發了《中華人民共和國反壟斷法》，目的是想遏制外國資本對中國民族企業的壟斷，藉以保護民族工商企業。所以，中國的民族工商企業家們必須對國際資本主義「視其所以，觀其所由，察其所安」，認清他們的本質，扯去他們虛偽的面紗。

列寧曾經說過：「現在不是小企業同大企業、技術落後的企業同技術先進的企業進行競爭。現在已經是壟斷者在扼殺那些不屈服於壟斷、不屈服於壟斷的壓迫和擺佈的企業了。」[11]當今世界資本主義形成新的壟斷，他們聯合起來共同扼殺發展中國家，尤其是把矛頭對準中國的企業，妄圖擺佈、控制中國之經濟。所以，中國之企業領導者們一定要提高觀察力，辨別力，絕不屈服於資本帝國主義之壟斷，也不任由他們擺佈的。

11　列寧：《帝國主義是資本主義的最高階段》（北京市：人民出版社，2001 年 4 月），頁 19。

五 以道觀之

中國道家之重要人物之一——莊子（約生於公元前 369 年——前 286 年）。司馬遷在《史記‧老子韓非子列傳》有這樣的記載：「莊子者，蒙人也，名周。周嘗為蒙漆園吏，與梁惠王齊宣王同時。」亦有說莊子是楚國人。安徽省的渦陽縣有莊子墓碑，古代渦陽為蒙城地域，故莊子應是蒙人比較確切。

莊子在其所著《莊子‧秋水篇》裏曰：「以道觀之，物無貴賤；以物觀之，自貴貴而相賤；以俗觀之，貴賤不在己。以差觀之，因其所大而大之，則萬物莫不大；因其所小而小之。[12]

莊子所謂「道」，與老子之論道思想是一致的。老子曰：「道可道，非常道；名可名，非常名。」這裏「道」之意思是說：道是說不清楚的，是不能說清楚的，也無法說清楚的。因為「道」的含義是無所不包，所以是很不可「道」的。在下一章節裏將有所論述矣。

這裏，莊子所言以道觀之，是指從「道」的立場看天下之事物都是一樣的，無有高低貴賤之分。但是若單從某一事物觀察的話，每一事物都以自己為貴為憂，他人之事物皆為賤為劣，並以自貴而賤他人。此種人古代有之，現代亦有之。世界資本帝國主義者們就是以自貴而到處賤他人，他們採取打壓、欺騙之手段，搶奪他國之資源，甚至不惜出兵侵略別國，妄圖稱霸世界。

我們中國人既要有自貴之思想，幾千年文明之傳承，經濟發展之

12　羅安憲：《老莊哲學精神》（首爾：首爾出版社），頁 244。

成就，國人可自立於世界民族之林矣；同時也要有自賤之明，國家進步是事實，但仍有諸多不足，故應取他人之長，補己之短也。使小處漸大、漸強。

莊子曰：「道惡乎隱而有真偽？言惡乎隱而有是非？道惡乎往而不存？言惡乎存而不可？道隱於小成，言隱於榮華。（羅安憲，《老莊哲學精神》，首爾出版社，頁 242）

這裏，莊子教導：觀察事物要辨別隱藏之處，方能識其真偽；聽他人之言要注意其內心之動機，不可被巧佞之言所蒙蔽；更不可因點滴之成績而忘乎所以，不知己之短處，亦不知他人隱言險惡之用心，這樣的企業領導人在激烈地市場競爭中，注定是要失敗的。

本章小結

本章主要是我在學習、研究香港大學著名經濟學家郎咸平教授所著《新帝國主義在中國》一書相關章節後，受到非常大的啟發。結合學習《論語》孔子之論述，著重在視、觀、察之三個要點領會孔子之教誨，提高對當今資本帝國主義本質的認識，在國際經濟激烈競爭的形勢下，保持清醒的頭腦，增強識別能力和制勝能力。文中所述之案例資料，均來自郎教授的《新帝國主義在中國》一書。

第五章

領導力制勝

一 為政以德

孔子曰：「為政以德，譬如北辰居其所而眾星共之。」[1]北辰：
即北極星。共：通「拱」，環抱、環繞之意。所：地方。「眾星共
之」：指天空群星圍繞北極星運轉，運行。

孔子之意是說：國君（國家領導人）具有良好的道德品質，影
響、教化民眾，治理國家，就會得到民眾的擁護，百姓似眾星，國君
似北極星，百姓就會像對北極星那樣，緊緊環繞在他的周圍，擁戴著
國君。中國古代人視北極星為天之樞也，北辰，北極也。辰非星，
星非辰也。「以儀測而不可像觀，與南極對立，而為天運之紐。……
北極有其所而無其跡……此章之旨，不過謂人君有德，一人高拱於
上，庶政悉理於下，猶北辰之安居而眾星順序。即任力者勞，任德者
逸之義也。」[2]

程先生引《集注》「政之為言，正者所以正人之不正也。德之為
言，得也，行道而有得於心也。……為政，秉正也。以德為用有德之
人。秉正而用有德之人，不勞而治，故有北辰之喻。」[3]

以德為政，就能得到百姓之擁戴，這是普通人都明白的道理。領
導人要想擁有強有力的領導力，一定要處理好「北辰」和「眾星」之
關係，而前提就是為政以德，有德者得眾也，得眾者得天下也。「北
辰」似舟，「眾星」似水，水可以載舟，亦能覆舟也。中國歷史上大

---

1 《論語·為政》，頁 10。
2 程樹德：《論語集釋》，頁 62-63。
3 《論語集釋》，頁 64。

唐太宗皇帝李世民執政期間，廣納眾多賢士之言，為中國當時社會經濟的發展，維護華夏民族之主權，譜寫了有益的篇章，史稱貞觀之治焉。

孔子強調，一國之君要有良好的德行。《論語》中無「道德」一詞。「道」和「德」本來在古代不是同時用的，據史書記載，老子在陝西省周至縣的樓觀臺作《道經》和《德經》，後人將其合併為《道德經》。「道」為何意？古今研究老子及《道德經》的著作汗牛充棟，枚不勝舉。中國道教學會會長任法融先生潛心研究老子學說多年，他說：「道」是渾全之樸，『眾妙之門』。……「道」生成了萬物，又內涵於萬物之中，「道」在物中，物在「道」中，萬事萬物殊途而同歸，都通向了「道」。[4]

所以「道」有多重意義，有人理解為形而上、觀念、法規、天理、事物規律等。「道可道，非常道。」此道有人理解為自然之規律，屬形而上意識、觀念之範疇。亦可解釋為道路、途徑。任會長指出：「道」既不是有形的物質，也不是思慮的精神，更不是理性的規律。而是造成這一切的無形無象、至虛至靈的宇宙本根。他認為「宇宙」「精神」「規律」皆是「道」的派生物。「道」是先天一氣，混元無極，是宇宙中的能量，是太空的氣場。其大無外，其小無內，至簡至易，至精至微，至玄至妙的自然之始祖，萬物之大宗，是造成宇宙的原始材料。

「道」是中國道教的基本信仰，「道」是《老子》一書的核心內

4　任法融釋：《道德經》（北京市：東方出版社，2009 年 12 月），頁 4、5。

容和概念，是《老子》學說的精華。只有正確理解了「道」，才能正確理解「德」。這些經典論述，是任法融會長 30 餘載潛心研究《老子》一書所作的貢獻。

任法融道長指出：「道」具有十大特徵，如虛無、自然、純粹、樸素、恬淡、平易、清淨、無為、柔弱、不爭等。任道長認為：這些本體特徵從人身上體現出來，就是「上德」，它是「道」的人格化、倫理化。「道」通過人之體現謂之「德」。

世界上最高尚的「德」是自然的，「無形的，無跡象可睹，無端倪可察，是內在的、含蓄的、不顯露的、無意的……而不是人為的、故意的、彰示的、炫露的、外在的、形式上的。」[5]「德」的含義、特徵、功用與「道」相似，二者一脈相通矣。

「德」字有人解釋為「德」者得也，它表示人的良好的行為，所做利民的好事，使民有所得焉。據說到了唐宋，有人才把「道」與「德」聯在一起用，故出現「道德」一詞，繼而為後人使用焉。到了現代，使用「道德」一詞的頻率非常之高，有無「道德」是老百姓衡量領導者好壞的一句常用之語。那些貪官就是缺德之徒焉。

無論是國家領袖或是企業的領導者，都必須懂得，領導力源自民眾。如若離開民眾，空談「領導」，則失去「領導」之對象，必成為無源之水，無本之木也。高高在上的領導集團就會變成空中樓閣，一陣狂風就會使它傾覆。故孔子強調「為政以德」，「眾星共（拱）之」。「眾星」乃民眾也，大廈高樓之堅實基礎也。可見，為政者道

5　任法融釋：《道德經》，頁 12。

德力影響之重要焉。

中國國家主席胡錦濤和國院總理溫家寶兩位先生，被國人譽為親民主席和總理。2008 年、2010 年，中國四川北川、青海玉樹、甘肅舟曲等地先後發生地震、泥石流特大自然災害，當地人民生命財產遭受到巨大的損失。胡主席、溫總理雖年過花甲，但他們在震後兩個多小時即趕到高海拔的災區，指揮軍民搶險救援，使災區百姓受到極大的鼓舞和安慰。真正體現了「以人為本」、愛眾親仁的執政理念，真正做到了「為政以德」，得到舉國上下億萬群眾的擁戴！中國領袖們的「為政以德」的領導力，取得了抗震救災的偉大勝利，得到世界的好評和公認。

正如美國的詹姆斯・庫澤斯、巴裏・波斯納合著的《領導力》一書中指出的：「領導力不完全取決於個人的人格魅力，它是一種行為方式。……光靠頭銜還不夠，你還要靠自己的行動贏得人們對你的尊重。」[6]

今年 2 月份，非洲的利比亞國內發生動亂，危及民眾之生命財產之安全。中國有數萬公民在利比亞工作。為了中國公民的人身之安全，中國政府領導人快速調集各方力量，以最快速度把僑居動亂之國的中國公民近 30000 人接回到祖國，並幫助外國僑民 2000 多人安全轉移，這充分體現了執政黨領導的政府實實在在地心繫民眾，以人為本也。

6　〔美〕詹姆斯・庫姆斯、巴裏・波斯納：《領導力・卓越領導的五種行為》（北京市：電子工業出版社，2010 年 3 月），頁 12。

子貢曰：「如有博施與民而能濟眾，何如？可謂仁乎？」子曰：「何事於仁！必也聖乎！堯舜其猶病諸！夫仁者，己欲立而立人，己欲達而達人。能近取譬，可謂仁之方也已。」[7]

子貢：姓端木，名賜，字子貢，孔子學生，少孔子 31 歲。子貢利口巧辭，能言善辯。不受官府之命，奔波於曹、魯之間，經商做生意，善於猜度，億則履中。子貢之孝，令世人稱頌。孔子去世，眾多學生守孝三年，唯子貢堅持守孝六年。孔子晚年的生活幾乎全由子貢負擔，且把自己經營所得，廣施於民眾。

子貢為博施於民而能濟眾之做法，能否稱得上仁乎？孔子說：施民濟眾說不盡是仁者，更是個聖人啊！恐怕連堯舜都做不到。有仁德的人，自己總是一心想幫助別人，己欲立而立他人，己之富裕而博施於民，這就是施行仁的方法。

中國國家主席胡錦濤，總理溫家寶所施行的方略完全是仁政也！德政也！他們把關注民生作為國家發展戰略之大計，從就業、醫療、教育、住房、農村道路、村民飲水等諸多方面，採取積極的措施，惠及千家萬戶。只要舉國上下尤其是企業家們遵循胡先生、溫先生的指示，做到正心修身，立己立人，達己達人，就能齊家，治國平天下也！

案例：江蘇省黃埔再生物資集團董事長陳游標先生，可謂中國現代的慈善家。近幾年他慷慨向社會、災區先後捐助 10 多億元人民幣，受到國家總理溫家寶的熱情接見和鼓勵。充分說明現代的中國民

7 程昌明譯注：《論語·雍也》，頁 64。

營企業家思想之崇高，精神之偉大！

三 正心修身

季康子問政於孔子。孔子對曰：「政者，正也。子帥以正，孰敢不正？」[8]帥：同率。

季康子魯國權臣，長期把持魯國政權，行為不軌。一天，季康子問政於孔子，如何管理國家政事？孔子回答說：政這個字的意思應是端正之意，你自己不去做壞事，不搞歪門邪道，帶頭端正自己的品行，誰還敢胡作非為，不端正自己的品行呢？

領導人欲取得民眾之信任和擁戴，引導社會走向正道，必須先做到「帥」之以正，而後才能正人。只有領導者自己行得正，社會風氣才會正，邪氣就會無存身之地也。正就是不邪、不歪，不顛不倒。只有領導人言行正，不顛倒，老百姓就不敢胡作為非也，孰敢不正也。

程樹德先生引《考異》釋文：「帥與率同。……己帥而正，孰敢不正。……政者，正也。君為正，則百姓從政矣。……爾身克正，罔敢弗正。」[9]

《大學》：「所謂修身在正其心者，身有所忿懥（zhi），則不得其正；有所恐懼，則不得其正；有所好樂，則不得其正；有所憂患，則不得其正。心不在焉，視而不見，聽而不聞，食而不知其味。

8　《論語·顏淵》，頁 131-132。
9　程樹德：《論語集釋》第三卷，頁 864。

此謂修身在正其心。」[10]

　　古人之言，可謂句句是真金良玉。採用邏輯推理之方法，論述修身正心之重要性。當今世界競爭既有政治層面，也有軍事較量，更有經濟比賽。中國是發展中國家，新中國 60 多年的建設，尤其是改革開放 30 多年來，社會經濟取得了巨大的進步，但目前的發展困難重重。故無論是政府官員或企業領導者，不能視而不見，聽而不聞，食而不知其味也。故要堅持修身正心，以提高領導水準，增強領導力矣。

　　子路問政。孔子曰：「先知勞之。」請益。曰：「無倦。」[11]仲由（前 542-前 480）：字子路，又稱季路，卞人也。是孔子七十二賢達弟子之一。少孔子九歲。「子路性鄙，好勇力，志伉直，冠雄雞，佩豭豚，陵暴孔子。孔子設禮稍誘子路，子路後儒服委質，因門人請為弟子。」[12]

　　子路當時大概在衛國做個小官，一天，問孔子如何管理政事？你自己要身體力行，給老百姓帶個好頭，百姓就會辛勤的去勞動。子路請求孔子多講一些執政之道理，孔子說：你就按我上面說的去做就可以了，切不可偷懶、懈怠。

　　這裏，孔子針對子路的個性講了 6 個字，即「先之勞之。」「無

10　王國軒、張燕嬰、蘭旭、萬麗華譯：《四書‧大學》第八章（北京市：北京市：中華書局，2008 年 1 月），頁 110。

11　《論語‧子路，頁 136。

12　馬玉琴主編：《二十五史‧史記》，頁 225。

倦」。何謂「先之」？大概主要是指為政當官者，處處要為百姓之「先」，事事帶頭，起模範作用、表率作用。所謂身先士卒，就是領導人遇到危險之事，應衝鋒陷陣。2008 年四川汶川大地震，2009 年青海玉樹大地震，2010 年的甘肅舟曲泥石流，大災來臨之際，當地幹部總是率先沖到第一線，組織救援。國家主席、總理在災害發生後兩個多小時就趕到災區，指揮救援，看望災民，慰問奮戰在一線的解放軍、武警、消防官兵。國家領導人的「先之」行動暖人心也！國家主席、政府總理「先天之下憂而憂」也。

孔子還講為政要「勞之」。古人有「勞則思，思則善心生；逸則淫，淫則忘善，忘善則噁心生」的古訓。一個人即使在環境優越的條件下，也須防止產生驕奢淫逸，需時時保持警醒。近年許多政府官員下馬，大都與貪淫有直接的關係。俗語言：一年之計在於春，一生之際在於勤。農村百姓常說：勤快勤快，有飯有菜；懶惰懶惰，受凍受餓。此雖民間百姓通俗之言語，確非常生動形象且富有哲理也。

孔子又講了「無倦」，就是為政要不知疲勞，做官不要懈怠。對百姓要「造次必於是，顛沛必於是」，做到「一沐三握髮，一飯三吐哺」。也就是說，為政者一刻也不要離開「仁」，即使一頓飯（造次）時間，有百姓來訪，也要接待的；即使在旅途之中，也要隨時與百姓交談。這就是「無倦」也。

子曰：「其身正，不令而行；其身不正，雖令不從。」[13]孔子之意是說：為政當官者自身要行得穩，坐得正，品行端莊，以身作則，

13　《論語・子路》，頁 138。

用好作風影響民眾，即使不發佈命令，百姓也會自覺遵守與執行法度；如果自身貪、嗔、癡，品行惡劣，心術不正，這樣的官員、領導者必無威信，正所謂「君子不重則不威」也。[14]

《大學》曰：「自天子以至庶人，皆以修身為本。其本亂，而末治者否矣。其所厚者薄，而其所薄者厚，未之有也。」[15]

先哲告誡說：上從國家君主，下至老百姓，所有的人都要認真修養自己的品德，這是個根本。這個根本不能亂，否則要治理好家庭、家族、國家和天下是根本不可能的。做事情如果不分輕重緩急，就會本末倒置，就會把重要的事情忽視了，一些不重要的、不急需要辦的事情卻非常重視，這樣是不可能很好地做到正心、修身、齊家、治國平天下的。這裏先哲們既講到修身之重要，又強調做事情要分清厚薄，做到「無倦」，多勞多思，視善惡，觀美醜，察真假，勿受騙也，勿貪小利而失大益也。

作為領導者，無論是從政還是經商，都須提高領導水準和領導能力，做到「先之勞之」「無倦。」用心「格物」，認真研究天下事物之本質，窮其理，用心「視、觀、察」，定能貫通「眾物之表裏精粗無不到」[16]，用「格物」之論述，定能窮洋人之手段，視其險惡之用心，制定正確之策略，從容應對洋人之挑戰矣。

---

14 《論語·學而》，頁5。
15 王國軒、張燕嬰、藍旭、萬麗華譯：《四書·大學》第一章（北京市：北京市：中華書局，2008年1月），頁106。
16 《四書·大學》第六章，頁108。

「領導者的行為比語言更重要，它可以反映出領導者是否真正對待自己所說的話。語言與行動必須一致。以身作則的領導者總是走在前面。」[17]他們為民眾樹立典範，他們能夠身體力行，處處做榜樣，這就是在樹立公司的信念和價值觀。

彼得・F 德魯克指出，「真正需要的管理者，事實上，有能力，不固執己見，不興風作浪的領導者，或許不引人注目，不具戲劇性，甚至枯燥無味，可是他們才是我們真正需要的。」[18]德魯克先生關於領導者的論述，簡言之為「五不加一才」，這樣的領導者一定具有很強的領導力和凝聚力。

三 團隊凝聚力

孔子曰：「君子周而不比，小人比而不周。」[19]周：團結、合群。比：勾結，謀私利。

孔子之意是說：君子要廣泛團結群眾，不要拉幫結派，結黨營私；而小人之間互相吹捧，相互勾結，謀取私利。

領導者要當君子，要「周而不比」，不僅要誠心實意地依靠廣大民眾，還依靠領導團隊每一位成員。「班長」要團結「班子」全體成員，緊緊依靠團隊集體之智慧和力量，形成堅強的領導群體，凝心聚

17　《領導力》，頁 12。

18　〔美〕彼得・F・德魯克：《得魯克管理學》（北京市：東方出版社，2009 年 8 月），封底。

19　《論語・為政》，頁 15。

力，必將無堅不催摧無往而不勝焉。這是企業領導力的核心，是競爭制勝的根本保證。

「單靠個人的努力，偉大的夢想無法變成現實。實現夢想要靠團隊的努力，要有精誠地團結和穩固的關係，要有非凡的能力和沉著的決心，還要有集體的合作和個人的責任。」這就是說，企業的領導者要想使公司取得傑出的成績，豐碩的成果，「領導者必須使眾人行」。[20]

溝通是使「眾人行」的非常重要之法寶，亦是團隊領導力形成之重要前提。領導者之間溝通能力是領導力的重要內容。一個優秀的領導者，應十分注意和團隊成員之間的溝通，善於溝通的領導者一定是「周而不比」的君子也，促進團隊和諧、員工人心相嚮之推手也。

謙虛是溝通的前提，高傲是溝通的大敵，信任是溝通的助力，猜忌是溝通的阻力，坦誠使溝通透明。所以，領導者要克服高傲自大、故步自封之毛病，方能做到有效溝通焉。

中國的國學可謂博大精深，《論語》《大學》《中庸》《孟子》是國學的四大經典著作，合稱之為「四書」。其中《論語》是天下儒學第一書。另有《老子》《莊子》《墨子》《韓非子》《荀子》，還有兵家的《孫子兵法》。

在國學寶庫中，還有群經之首的《周易》，也是東方文化的精

---

20 〔美〕詹姆斯・庫澤斯、巴裏・波斯納著，李麗林、張震、楊振東譯：《領導力》（電子工業出版社，2010年3月），頁16。

華。它的作者據考證為伏羲和周文王，距今已有五千多年的歷史。《周易》的思想智慧不僅影響著炎黃子孫的思想，對西方世界的文化進步也起了重大的促進作用。德國哲學家黑格爾曾經這樣評價說：「《易經》代表了中國人的智慧，就人類心靈所創造的圖形和形象來找出人之所以為人的道理。這是一種崇高的事業。」[21]

在《周易》第十五卦——謙卦中說道：「謙亨。君子有終。……謙尊而光，……君子之終也。」又曰：「謙謙君子。用涉大川。吉。……勞謙君子，萬民服也。」（《周易》謙卦第十五頁 34-35）卦辭所曰「謙」，指謙虛、謙遜、謙恭、謙卑之意。謙虛之人可居尊位，自身亦可光大。故君子應適時保持謙虛的美德。只要能保持謙虛之美，就能夠涉越大江大河，不懼怕惡浪狂風，獲得吉天祐之，吉無不利也。

古之先賢教誨君子做人要謙虛，就會得到「天祐之」。此「天」可理解為萬民百姓也。君子與萬民之間息息相通，就可以用涉大川也。當今的領導者與民眾息息相通，就要做到「與時消息」，即及時溝通，形成共識，以增強合力也。

百姓往往視領導者為「大人」。「夫『大人』者，與天地合其德，與日月合其明，與四時合其序，與鬼神合其吉凶。……」（伏羲周文王著《周易》乾卦第一第 6 頁萬卷出版社 2008 年 8 月）這裏言「大人」要與天地、日月、鬼神合其德、合其明、合其吉凶，要想做到「合」，首先必須溝通，方能形成有效地「合」。

21　〔伏羲〕周文王：《周易》前言（萬卷出版社，2008 年 8 月）。

溝通之目的是傳遞信息。因此，人與人之間，尤其是領導者與他團隊、員工之間溝通要努力做到「三要三不要」：

第一，要主動溝通，不要推卸；第二，要及時溝通，不要梗塞；第三，要和諧溝通，不要指責。領導者尤其是單位的一把手，特別要注意克服剛愎自用，妄自尊大，盛氣凌人，那樣只會遠離群眾，失去人心，毀滅團隊的凝聚力和戰鬥力，這樣的教訓古今皆有之也。為此，在與他人溝通時，還需注意以下幾點：

第一，態度誠懇，面帶笑容；第二，音聲和諧，勿責下人；第三，勿言妄語，言不傷人；第四，兼聽則明，勿偏聽信；第五，逆耳之言，更需尊重；第六，上下同心，力量無窮；第七，敢於競爭，定能制勝！

《周易》豐卦第五十五：「天地盈虛，與時消息。而況於人乎，況於鬼神乎。」[22]這裏言及「與時消息」，就是指自然界春夏秋冬四時運轉之規律，告誡百姓要遵循時節信息，不違農時，種植莊稼。只要做到「與時消息」，就會「豐亨」，豐富、豐隆、豐盛，君王就會達到豐盈盛大的境界。可見古代君王是非常重視時節消息之運轉的。

要提升團隊的凝聚力和領導力，團隊成員的各位領導人，尤其是一把手，還要遵循曾子之教誨：「吾日三省吾身，為人謀而不忠乎？與朋友交而不信乎？傳不習乎？」[23]只要領導者都能做到「三省吾身」，檢查自己為群眾辦事是否忠心耿耿，盡職盡責？與朋友相處是

22　〔伏羲〕周文王：《周易》，頁 119。
23　《論語·學而》，頁 3。

否講信用？這樣的領導群體一定具有很強的凝聚力和向心力。俗話說得好：眾人一條心，黃土變成金。

傑克·韋爾奇先生說：「以坦誠精神、透明態度和聲望，建立別人對自己的信任感。……勇於承擔風險、勤奮學習，親自成為表率。」[24]

領導團隊要形成凝聚力，領導者還要樹立良好的形象。孔子曰：「君子不重，則不威；學則不固。主忠信。」[25]

一位優秀的領導人，要時時注意自己的一言一行，說話要嚴肅，做到「訥於言，敏於行……。」[26]訥：說話好像遲鈍，此實際是指說話小心嚴謹。也就是說，勿言空語大話，更勿說妄語狂言；舉止要端莊，行為要穩重。勿在眾人面前顯得不可一世，高傲自大。那樣的領導人肯定沒有威信，因其作風漂浮，或言過其實，或嘩眾取寵。這種人若坐上了領導寶座，不可能產生凝聚力，更不可能形成制勝力也。

《周易》謙卦曰：「謙　亨。君子有終。……天道下濟而光明，地道卑而上行，天道虧盈而益謙，地道變盈而流謙，鬼神害盈而福謙，人道惡盈而好謙。謙尊而光，卑而不可踰，君子之終也。」[27]天道：天之陽氣。地道：地之陰氣。

---

24 傑克·韋爾奇：《贏·領導力》第 5 章（北京市：中信出版社，2009 年 9 月），頁 53。

25 《論語·學而》，頁 5。

26 《論語·里仁》，頁 39。

27 〔伏羲〕周文王：《周易》謙卦第十五，頁 35。

天地陰陽互補，有盈有虧。謙虛增益，謙尊而光明，處世要恭謙，處人要忠誠，一定會「用涉大川。這樣的君王才會有凝聚力也。

大到一個國家，小到一個公司企業，都要有凝聚力。只有萬眾一心，才能戰勝前進道路上的艱難險阻，才能有效克服內外之憂也。

一個國家或是一個企業，要形成強有力的凝聚力，還必須做到「泛愛眾而親仁」，只有領導團隊的凝聚力還不足以戰勝內外之頑敵，還必須緊緊依靠廣大人民群眾之力量，才能無敵於天下也。無論是治國還是治軍，或是經商貨殖，億則屢中，都必須全心全意依靠人民群眾的支持，才能取得成功矣。在前文「為政以德」章節裏已有論述。

世界級管理大師傑克·韋爾奇先生曾經說過：「要堅持不懈地提升自己的團隊，把同員工的每一次邂逅都作為評估、指導和幫助他們樹立自信心的機會。」[28]大師的話，主要講領導者要努力提升團隊的水準和能力，並注意總結和員工邂逅的感想，必須做好員工業績的評估，獎優罰劣；對下屬要熱情指導，說明他們改正缺點，糾正錯誤，提高他們的能力，幫助他們樹立必勝的信心。這實際上是強調建設團隊的凝聚力和管理能力。

四 取信於民

孔子曰：「人而無信，不知其可也。大車無輗，小車無軏，其何

28　〔美〕傑克·韋爾奇：《贏·領導力》第 5 章（北京市：中信出版社，2007 年 9 月），頁 53。

以行之哉？」[29] 古代用牛拉的車叫大車。輗：車前面橫木上兩端木頭銷子，其固定作用。如果無此木頭銷子，車子就無法行進。 小車：用馬拉的車。軏：與輗相似。

這裏孔子用比喻牛車、馬車上的輗和軏，強調一個人說話或辦事要講信用，否則就像牛、馬車上沒有兩個關鍵銷子，如何行之哉？怎麼能行走呢？可見講信用之重要！

信是會意字。在金文裏由人和口兩部分構成，表示人所說的話應是真實的。又可寫作左言右心，表示言為心聲，心口如一。又可視為人和言兩部分組成，表示誠信。信的本義是指言語真實，不虛假。又引申為信任、相信。亦為信息傳遞，書信，信牌。[30]

中國古代的司馬光在《資治通鑒》名著中說過：「夫信者，人君之大寶也。國保於民，民保於信，非信無以使民，非民無以使國。」[31]民無信不立，國無信不興。去兵、去食，不可去信矣。

程樹德先生指出：「以言非信則百事不滿也。……君臣不信，則百姓誹謗，社稷不寧處。官不信，則少不畏長，貴賤相親；賞罰不信，則民易犯法，不可使令。交友不信，則離散鬱怨，不能相親。百工不信，則器械苦偽，丹漆染色不真。」先生接著說：「言人而無信，其餘終無可也。……車無此二者不可行，人無信則語言無實，何處行得？處家則不可行於家，處鄉黨則不可行於鄉黨，言不忠信，雖

29　《論語‧為政》，頁 18。
30　《新華大字典》（北京市：商務印書館，2006 年 1 月），頁 1392。
31　安德義：《論語解讀》（北京市：中華書局，2007 年 7 月），頁 9。

周裏行乎哉。……人之所以為人全在於信，倘無真心實意，面目雖存，精神已斷。……千慮不博一言，言一有不實，後雖有誠信之言，亦無人信。」[32]程先生所言「信」之重要，它關乎立國、立人、立友、齊家、治國平天下。一個人說話要自始至終一致，若假話在先，被人識破，後來再說真話，別人也很難相信了。

正如比爾・蓋茨論述的：「任何人都應當懂得：誠實是人格中最重要的資本。誠實的基礎是信用，而糟蹋自己的信用無異於在拿自己的人格作典當。」[33]

北京大學馮友蘭先生分析誠信時曾經指出：「誠與信有密切的關係。我們常說誠信，信於誠都有實的性質，我們說實信，又說誠實。所謂實者，即沒有虛假，即是無妄。若對於信與誠作分別，說信則注重不欺人，說誠則著重不自欺。不欺都是實，所以信曰實信，誠曰誠實。」[34]

一個好的領導者必能做到言而有信，說話始終如一，做事表裏一致。這樣，才能取信於民，得到民眾的擁戴，這是領導力的真正源泉！「誠實會使我們內心坦然；而說謊、虛假、欺瞞，則會折磨你的良心，讓你的心境處在一種灰暗、忐忑不安、時時緊張的狀態中。這

---

32 程樹德：《論語集釋》（北京市：中華書局，2008 年 2 月），頁 126-127。

33 高紅敏：《比爾・蓋茨給青年的 9 個忠告》（臺北市：海鴿文化圖書公司，2005 年 10 月），頁 80。

34 馮友蘭：《新世訓》（北京市：生活、讀書、新知三聯書店，2007 年 5 月），頁 124-125。

種自我折磨是不誠實的必然結果。」[35]

　　企業領導者經商做生意，要想贏得市場和顧客，必須做到以信為本，以誠待人。工商實業者們一定要謹記一位古波斯人薩迪的話：「講假話猶如用刀傷人，儘管傷口可以癒合，但傷疤永遠不會消失。」[36]

　　比爾‧蓋茨還曾經說過：「即是一個人一時不能獲得成功，但必須誠實，寧可失去全部財產，也要挽回個人尊嚴，因為人格的本身就是財富的源泉。……一個人如果學會了如何獲得他人信任的方法，真要比獲得千萬財富更足以自豪。」[37]

本章小結

　　領導力取決於為政以德，就會有「眾星共之」。為政以德必須修身，修身必須正心，做到「先之勞之。」「無倦。」心正才能身正，身正才能得眾，得眾才會取信於民。民乃水，君乃舟，水可載舟，亦可覆舟焉。故領導者講信，才能得民之擁戴，才會產生巨大的制勝力矣。此外，一個優秀的領導者，無論是從政還是經商，都必須具有戰略決策之能力。

35　高紅敏：《比爾‧蓋茨給青年的 9 個忠告》（臺北市：海鴿文化圖書公司，2005年 10 月），頁 81。

36　同上註。

37　高紅敏：《比爾‧蓋茨給青年的 9 個忠告》（臺北市：海鴿文化出版圖書公司，2005 年 10 月），頁 80。

第六章

決策力制勝

▉ 思考力

孔子曰：「君子有九思：視思明，聽思聰，色思溫，貌思恭，言思忠，事思敬，疑思問，忿思難，見得思義。」[1]

孔子之意是說：君子在處人處事之時，有九個方面的問題需要考慮和注意：看人和事時，要考慮是否看明白了，看清楚了，不僅要看外表，還要看內在本質，外表是本質的反映；聽他人之言，要考慮是否聽明白了，聽清楚了。不能只聽讚揚之言，還須聽逆耳之言；和他人見面交談時，要看他的臉色表情是否真誠溫和，或虛情假意，或裝著偽善；態度容貌是否莊重，還是一副狡猾面孔；對方說話是否實在、忠誠；做事是否誠心誠意；若遇到疑難之事，要考慮如何請教他人；遇到不順心之時，不要發怒；遇到有利可得之時，要考慮先義後利。

程樹德先生《論語集釋》引《考證》：「古人之辭，凡極言其多者曰九，如叛者九國，反者九起，皆是也。君子有九思，止是其言反覆思惟耳。既有九思之目，因姑舉九事以實之。非以此盡君子之思也。」[2]

孔子之「九思」，強調一個「思」字。思：在古文裏作「恖」，其義「睿」也。從心、從囟。囟即動物的頭腦蓋，此專指人的頭腦蓋。「內經雲『腦為髓之海，其輸上在於其蓋。由是言之，思者，主

1　《論語·季氏》，頁 184。
2　程樹德：《論語集釋》（北京市：中華書局，2008 年 2 月），頁 1160。

於心而通於腦焉。」[3]可見「思」字對於一個人視、聽、察之重要焉。

思之義有：動腦筋、思考，想，深思熟慮；想念、懷念、思念、牽掛；在思考問題構成中形成的思路、構想。思的過程即大腦活動的過程，仁德者的一切言語、表情、乃至於行動，都是由大腦神經系統而生成的。所謂「心想事成」，可見「心」的作用全在於「思」和「想」，「心想」即腦動也。

任何一個人都有頭腦，有頭腦就有思之器官。只要是一個正常之人，從幼童成長到十五歲志於學，再到三十而立，四十而不惑，五十而知天命，六十而耳順，七十而從心所欲，不逾矩。人在各年齡段的知識、經驗、能力都有所進步和提高，只是有差別而已。差別的形成與人的思考能力關係極大，善思者明也、聰也、睿也、智也。善思必善用腦，善用腦者必敏銳，思路必開闊，思維必多向。孔子論述君子九思，唯思是主焉。

九思均以視為先，因為人與外界接觸，幾乎都是先以目視為先。目視距離遠於聽之距離好多倍也，故目視在先，聽之在後。即便大家相遇而見，總是先看見對方走近才有握手、言語之動作，才能看清對方色與貌之溫否、恭否？舉止莊重否？程先生引《集注》：「視無所蔽則明無不見。聽無所壅，則聽無不聞。色見於面者。貌，舉身而言。思問則疑不蓄，思難則忿必懲，思義則得不苟。」[4]

3　《論語集釋》，頁 1160。
4　《論語集釋》，頁 1160-1161。

《孟子譯注》：公都子問曰：「鈞是人也，或為大人，或為小人，何也？」

孟子曰：「從其大體為大人，從其小體為小人。」

曰：「鈞是人也，或從其大體，或從其小體，何也？」曰：「耳目之官不思，而蔽於物。物物交，則引之而已矣。心之官則思，思則得之，不思則不得也。此天之所與我者。先立乎其大者，則其小者不能奪也。此為大人而已矣。」[5]

上段文字為古文，可譯成白話文如下：

公都子一天問孟子：同樣都是人。為何有的人是君子，有的人是小人？

孟子回答說：求其自身重要器官需要的是君子，僅滿足身體次要器官之需要的，是小人。

問道：同樣都是人，有的人要求滿足重要器官之需要，有的人只要求滿足次要器官之需要，這是為什麼？

孟子答道：耳朵眼睛這類器官不會思考，所以容易被外界之物所蒙蔽。（因此，耳朵不過是一物罷了。）一與外界相接觸，便會被引向迷途。而大人之心這個器官之功能在於思考。一思考便得著，不思考便得不著。這個器官是老天特意給人類的，（即父母所賜也）。因

5　楊伯俊譯注：《孟子譯注·告子·章句上》（北京市：中華書局，2008 年 3月），頁 270。

此，人的心是重要器官，要把它豎起來，這樣，次要器官便不會被蒙蔽了。用心思考的人，就是大人也。思考的過程亦是不斷總結、不斷更新、不斷學習之過程也。

正如孔子教導弟子們：「學而不思則罔，思而不學則殆。」[6] 罔：蒙蔽，欺騙。殆：疑惑。這裏孔子強調思考和讀書的關係，不能死讀書，讀死書，要邊學習邊思考，加深書本知識的理解，盡可能的聯繫實際，學活用活，才可避免發生「罔」和「殆」。

因此，領導者只有遇事視得明，看得清，聽他人之言要分辨其目的何意？學會孫悟空火眼金睛，善於思考，辨別真偽，才能在國際、國內競爭中，制定正確的戰略和正確的策略，立於不敗之地也

歐洲古代哲學源自希臘。公元前 6 至 5 世紀，希臘出現了眾多富於思索宇宙的思想家、哲學家。他們關注宇宙和人生，談論社會和自然發生的許多現象。一時間思想界出現了多樣性，五光十色，非常之活躍。一大批智者應運而生。如蘇格拉底、亞里斯多德、畢達哥拉斯等人形成了「智慧之師」。由於古代希臘眾多先哲的積極探索，為後世歐洲哲學體系的形成奠定了基礎。

在「智慧之師」的隊伍中，有一位名叫德謨克里特的，出生於公元前 460 年，卒於公元前 370 年，幾乎活 100 歲高齡。平時，「他深居簡處，專心致力於研究和沉思。……他涉獵的範圍極其廣泛，涵蓋了數學、物理學、天文學、航海學、地理學、生物學、心理學、醫

6　《論語·為政》，頁 15。

學、音樂以及哲學等諸多領域。」[7]

思維能力源於心和大腦。思維是什麼？「思維是人們接受信息、加工信息以及輸出信息的活動過程，而且是概括地反映客觀現實的過程，這是思維本質的信息理論觀點。」[8]也就是說，人的思維與大腦密不可分，所謂加工信息，完全靠大腦活動，去粗取精，去偽存真，由此及彼，由表及裏，而且需要進行多次加工「篩選」之後，才能得出科學的結論。

人對事物的認識過程其實也是人的大腦思維活動的過程。徐斌教授進一步分析說：「生理學認為，思維是一種高級的生理現象，是腦內一種生化反映的過程，是產生第二信號系統的源泉。」[9]徐教授言及的人的第二次信號系統，是俄國生物學家巴甫洛夫經過多年潛心研究的科學成果。它是以人的語言作為輸出信號，對被接受者進行刺激時，而產生的反應。好比一對身處異地的青年男女戀人在用語言交流感情時，所傳遞的信息會使對方激動不已。這就是人的第二信號系統在起作用。

現代企業的領導者只有像古希臘眾多智者那樣，多思多想，充分運用自己的重要器官，遵循孔子「君子九思「之教誨，領會孟子之論述，多用心，勤用腦，不斷提高自己的思維能力，對各種人物輸出的語言進行認真的思考，「視其所以，觀其所由，察其所安」。就能在

7　〔德〕漢斯·約阿西姆·施杜裏希著，呂叔君譯：《世界哲學史》（濟南市：山東畫報出版社，2007 年 7 月），頁 84。
8　徐斌編：《創新頭腦風暴》（北京市：人民郵電出版社，2010 年 5 月），頁 3。
9　徐斌編：《創新頭腦風暴》（北京市：人民郵電出版社，2010 年 5 月），頁 3。

複雜的競爭環境下，不會迷途，不會再發生類似「輪胎特保案」「大豆種子案」，避免給國家、企業造成嚴重的損失焉。

如何培養與訓練人的思維能力？這裏就不去研究和論述了。市場上書店裏訓練思維能力的教科書非常之多。訓練、培養思維能力須多實踐。毛澤東先生曾經說過：在戰爭中學會戰爭，在游泳中學會游泳。只有在不斷的實踐過程中，善於用心思、勤於用腦想，總結成功經驗，吸取失敗教訓，才能制定出正確的戰略決策。

《現代快報》2011 年 3 月 7 日報導一則消息稱：英國 11 歲女孩的智力超過愛因斯坦、克林頓和希拉蕊，關鍵是她學會用大腦。左右腦並用，人人都能成為天才！

■ 戰略決策力

國家發展需制定中長期戰略規劃，企業發展也須制定戰略規劃。企業發展戰略規劃設計要成立有主要負責人參加的戰略規劃組織，內中應有技術、市場、財務、法律等方面具有決策能力的專門人才。

上海交通大學教授許定先生是當代研究企業戰略管理的專家之一。他在《戰略管理與創新》講稿中指出：企業要發展就必須制定戰略規劃，研究戰略態勢，明確戰略發展方向即願景，採取審慎的戰略發展步驟。制定企業發展戰略的過程就是謀劃企業戰略決策。

企業制定戰略決策既要慎穩又要果斷。早在 2500 多年前，孔子曾經和魯國權臣季文子有過一段對話：季文子三思而後行。子聞之，

曰：「再，斯可矣。」[10]季文子：人名，姓季孫，名行父，諡號「文」，是魯國大夫。

孔子聽說季文子辦事反覆考慮，過于謹慎，「三思而後行」，欲辦一件事情，想了又想，孔子故而說：辦事情考慮兩次就可以了，不需反反覆覆，優柔寡斷。所以，孔子認為做事情考慮兩次就可以了，不必多次去思考。

企業領導者作重大決策必須要謹慎、心細，避免決策失誤，錯失良機，造成不可挽回的損失。但是，如果過分謹慎、小心翼翼，當斷不斷，就會貽誤戰機或商機，失去競爭取勝之有利時機。孔子曰：「恭而無禮則勞，慎而無禮則葸，勇而無禮則亂，直而無禮則絞。……」[11]葸：膽怯、害怕。絞：說話尖刻、刺人，不留情面。

孔子之意是說：有的人只注重自己態度恭敬，和顏悅色，卻不懂禮，這樣的人就會很勞累；有的人過于謹慎，膽小怕事，處處謹小慎微，不知禮，便遇到麻煩之事就會畏懼、害怕、膽怯；有的人具有勇敢精神，但不知禮，就會莽撞行事，捅婁子，出亂子；有的人說話不注意方式方法，語言尖刻，出口傷人，雖然心直口快，但不知禮，容易得罪人，影響和諧之溝通。這裏孔子所說的四種人說話辦事之方法，前兩種屬於「不過不及」，後兩種人屬於「過」頭了。所以，思考問題既不能「不及」，也不能「過」，需符合「中庸」之道也。

「三」是概數，不一定就是三次。曾子曾經說過：吾日三省吾

10　《論語・公冶長》，頁48。
11　《論語・太伯》，頁78。

身。此指君子須經常檢點自身的缺點，做人忠乎？朋友信乎？傳不習乎？在《論語・季氏》篇裏，孔子數次提到「三」，如「益者三友，損者三友」，「益者三樂，損者三樂」，「君子有三愆」，「君子有三戒」，「君子有三畏」。這裏的「三」均繫特指三種東西或三件事情。

作為領導者，無論是黨政機關一把手，還是企業老闆、老總，要使事業取得成功，都務必做到「再，斯可行矣」。也就是說，必須具有戰略決策之能力也。美國企業管理大師傑克・韋爾奇先生曾經說過：速度就是一切，是市場競爭不可或缺的重要因素！

戰略決策能力是領導力的重要內容，是事業獲得成功的基本保證。尤其是企業領導者，只有作出清晰的戰略決策，選擇實施戰略的方法即策略，企業才能立於不敗之地。

何謂企業戰略？清華大學劉冀生教授研究：戰略一詞源自希臘語，它的含義是「將軍指揮軍隊的藝術」。劉教授指出：企業戰略一詞是從 1965 年美國經濟學家安索夫著《企業戰略論》一書面世後，才開始逐漸得到廣泛的應用。後來，戰略一詞還應用到軍事、社會、經濟、文化、教育、科技等部門。

「企業戰略是企業根據其外部環境及企業內部資源和能力狀況，為求得企業生存和長期穩定的發展，為不斷地獲得新的競爭優勢，對企業發展目標、達成目標的途徑和手段的總體謀劃。」[12]

12　劉冀生編著：《企業戰略管理・企業戰略的概念與特徵》（北京市：清華大學出版社，2010 年 4 月），頁 1。

劉教授對企業戰略所作的定義，概括有以下幾個要點：

（1）企業戰略是企業的發展目標；

（2）是實現或達成目標的途徑；

（3）是實現或達成目標的手段；

（4）制定企業發展目標、達成或實現目標的途徑、實現目標須採取的手段，幾個要點綜合在一起，企業就有了總體戰略規劃了。

（5）制定企業發展戰略要分析企業的內、外部資源、環境，企業競爭能力和優勢。對以上幾個方面作出科學分析，亦可稱之為企業發展戰略分析之後，才能制定出企業發展戰略目標和總體規劃。

制定企業發展戰略目標，是非常重要的一件大事。因為企業發展戰略要具有科學性和競爭性，對企業各方面的資源和環境要作仔細的科學的戰略分析，認真的研究，權衡利弊，作出判斷。千萬不能盲目草率，更不能輕信他人尤其是洋人之忽悠。像廣西玉米案，就是由於地方政府某些官員為了招商引資，出發點應該說是好的，但由於對發展目標不清晰，亦未能視明洋人之所以，輕信老外虛假之妄言，給地方百姓種植業帶來巨大的經濟損失。

制定企業發展戰略，是企業老闆及高管執行團隊高智商的體現，亦是企業高層管理者思考力、觀察力、分析力、判斷力、決策力的綜合能力之檢驗。要把握企業發展全域，高瞻遠矚，目標清晰，戰略規劃可操作性要強。一個企業的領導者能率領團隊，制定出具有時代特

徵的公司發展戰略規劃，這樣的領導者們無往而不勝矣。

孔子言季文子做事勿謹慎過頭，我理解是孔子告誡人們考慮問題時，勿優柔寡斷，否則到頭來必將一事無成也。所以，一位好的企業領導者，思考問題既要慎思之，又要「再，斯可行也。」這就是企業領導人的決策力。

世界級管理大師傑克‧韋爾奇先生說：「企業戰略不過是鮮活的、有呼吸的、完全動態的遊戲而已。它是有趣的、迅速的，是有生命的。……真實的生活中，戰略其實是直截了當的。你選準一個努力的方向，然後不顧一切地實現它罷了。」[13]

傑克‧韋爾奇關於戰略的定義，採用了擬人的詞語，強調「戰略」是「鮮活的」「有呼吸的」，並且是「有趣的」「迅速的」。這就把「戰略」一詞描述得非常生動、形象，便於人們記憶和理解。這是韋爾奇先生積極思維方式的體現，也是他多年從事 Ge 管理工作經驗的科學總結和指揮刀結晶。這就要求企業家在制定企業發展戰略時，思維不能僵化，不能死板，要把公司發展戰略當成「鮮活的」有「呼吸的」、有生命力的人一樣，具有明確的奮鬥目標。企業領導者要用公司發展之美好願景，動員、組織企業員工「不顧一切地去實現它罷了」。這裏的「不顧一切地去實現」，就是指市場競爭要有膽略和勇氣，要敢於拼搏，善於制勝也。

戰略競爭力

13　傑克‧韋爾奇：《贏》（北京市：中信出版社，2007 年 9 月），頁 153。

前文論述孔子言及古代射箭比賽時說：「君子無所爭，必也射乎！揖讓而升，下而飲。其爭也君子。」[14]這是儒家非常重要之觀點。人們認為，儒家講仁義禮智信，與世無爭，好似佛教之無欲理念。其實不然也。仁者不爭，是指不該爭之時不去爭；該爭之時必須竭盡全力去爭也。競爭是自然界、人類社會發展的必然規律。中國古代傳說黃帝和蚩尤大戰，據專家說就是為了爭奪黃河運城附近的鹽資源，最後蚩尤被黃帝打敗，黃帝才得以向中原地區發展和推進矣。

　　企業領導者如何制定公司發展戰略？孔子曰：「君子之於天下也，無適也，無莫也，義之與比。」[15]義：宜也，符合道理。比：挨著、靠近。

　　孔子之意是說：君子對於世界上的事情，如何去做？沒有固定不變的模式，要求一定要這樣去做，即「無適也」；也沒有規定一定不能這樣去做，即「無莫也」。而是只要符合情理，即「義之與比」，怎樣合乎義理，貼近並符合實際，就可以去做。

　　企業領導人在制定發展戰略的時候，沒有固定的、一成不變的模式。因各企業規模不同，內部組織結構各異，產品不同，服務亦有所不同……所以，各企業選擇的發展戰略目標及實施目標的手段、措施，均會有所相同也。

　　如何制定企業發展戰略目標？傑克‧韋爾奇先生說：「戰略完全是圍繞自己的產品展開的。……戰略完全是圍繞自己的服務展開

14　《論語‧八佾》，頁22。
15　《論語‧里仁》，頁35。

的。」[16]這裏韋爾奇先生強調企業在制定發展戰略時，要緊緊抓住兩點：一是「完全是圍繞自己的產品展開的」。 二是「完全圍繞自己的服務展開的」。

首先，企業是生產產品的組織。企業的產品主要有物質產品和文化精神產品、服務產品三大類。每一個企業要用自己公司的產品去滿足顧客的需求，無論是物質產品、服務產品還是文化精神產品，都必須適合市場使用者的需要。所以，企業在制定發展戰略時，一定要考慮生產何種產品，才能滿足顧客之需求？才具有競爭力？才可能得到顧客之認可？才有希望獲得經濟效益？這就是企業領導者制定公司發展戰略的指導思想和出發點。只要緊緊圍繞產品和服務進行認真的研究，就會「反大眾化」即中國企業家們常說的「差異化」。

任何一個企業為社會作貢獻，要靠銷售產品，獲得利益後依法納稅，同時吸收社會勞動力就業，為社會和諧穩定作貢獻。所以，無論是國有企業、民營企業、還是合資企業及向外拓展並購企業，企業家從策劃到投資興建廠房、到研發產品，必須有明確的目標。設定經營目標，制定實現目標的措施，這就是企業的經營戰略。

「戰略其實就是對如何開展競爭的問題作出清晰的選擇。……當你思考戰略的時候，要考慮反大眾化的方法。要儘量創造與眾不同的產品和服務。讓顧客離不開你。」[17]

企業制定戰略，就是為了在市場競爭中取勝，對此作出清晰的選

---

16 傑克・韋爾奇：《贏》（北京市：中信出版社，2007 年 9 月），頁 154、155。
17 傑克・韋爾奇：《贏》（北京市：中信出版社，2007 年 9 月），頁 155、157。

擇。企業領導在思考戰略時，就是上文所說的，要設定你公司的產品與眾不同。所謂「反大眾化」就是中國企業家們常說的「差異化」，即「人無我有，人有我憂，人憂我轉」。使公司的產品遠離大眾化，「而靠創造高附加值的產品越近越好。」（韋爾奇語）用「反大眾化」的高端優質產品吸引顧客，刺激消費，就有可能有效阻止同行進入，只有這樣的戰略才能在競爭中制勝焉。

傑克‧韋爾奇先生強調：服務是競爭取勝的非常重要的手段。企業賣了產品給顧客，售後服務一定要緊緊跟上。售後服務是產品品質的延伸。一旦產品在顧客使用過程中，發現缺陷，影響商品的使用價值，就會引起顧客的抱怨。如果服務不及時到位，顧客就會投訴，媒體就有可能曝光，你公司就會失去市場，嚴重者導致關門停產，甚至於企業在一夜之間可能轟然倒塌。

案例：我在明光市擔任高級職業中學校長期間，於 1986 年創辦了汽車、消防車維修廠。自 1986 年 4 月起至 1995 年底，10 年間以維修普通汽車消防車為主，經濟效益微薄。1995 年 9 月獲得了國家公安部和當時的機械部汽車司的生產資質，積極開始研製消防車。由於我們當時技術力量不足，產品缺陷多多。2002 年 5 月，雲南省楚雄市公安消防支隊從我們公司採購了 5 輛消防車，其中一輛東風 153 水罐消防車泵室儀表板安裝螺絲未擰緊，車子行駛剛過昆明 70 公里處，儀表板螺絲鬆動脫落掉下來了，駕駛員立即打電話回公司，公司當即組織技術人員和師傅，於次日上午從南京乘飛機趕到昆明，立即轉汽車於下午趕到楚雄，僅用一個小時就把儀表板裝好，順利交接驗收。該支隊主要領導說：你們企業產品品質出了故障，沒想到你們企

業服務這麼及時。當日晚上，那位領導還親自設宴招待我們的服務人員。從此，楚雄支隊和我們企業建立了良好的合作關係。後來，那位姓董的政委調到玉溪消防支隊任一把手，又大力推薦我們公司的產品，從而拓展了雲南省昆明、玉溪、曲靖、大理、麗江等地消防車銷售市場。2011 年 5 月，通過雲南消防總隊介紹，出口兩輛消防車到老撾王國。

企業一定要用真誠對待顧客，遵從先哲之教誨，為朋友謀事要忠誠、言必守信。只有對顧客真誠，才能使顧客滿意，才能讓顧客回頭，這就是企業戰略競爭力的活力所在矣。

企業如何制定發展戰略？

早在 2500 多年前，孔子已有「無適也，無莫也。義之與比」‧之教誨，即是說：君子思考問題沒有一定的模式，只要能貼近實際，符合情理，就可以了。這裏簡要強調以下三點：

首先，企業領導者要制定企業發展戰略規劃，只要大方向正確，目標清晰，就能「找到聰敏、實用、快速的能夠獲得持續競爭優勢的辦法。」（韋爾奇語）所謂「聰敏」即與眾不同、差異化、「反大眾化」。制定的措施要實用，戰略規劃文稿要簡單明瞭，不煩瑣，人人能看懂，人人會操作。還要「快速」，這是在強調辦事速度與效率。行動成就未來，拖拉導致平庸。學習子路辦事「無宿諾」。《易經》裏講的「與時消息」，就是強調做事要有效率。

其次，企業領導者要精心選擇合適的人，去做正確的事。這很重

要，只有選對人，才能做對事，才能確保公司目標規劃順利實現。關於人力資源開發，待後面再作論述。

第三，企業家制定公司發展戰略規劃，要留有餘地，保持一定的寬度，保持不斷補充新的產品專案以增加企業後勁。傑克·韋爾奇先生說：「我們的項目之所以有這樣的生命力，最主要的還是因為它建立在如下兩個牢不可破的原則上：大眾化是糟糕的，人才決定一切。」[18]這說明任何一個企業要想長盛不衰，要下功夫開發新產品，堅決遠離大眾化，否則就糟糕了，企業就無生命力了。

案例：

一個民營企業發展戰略案例分析：

安徽省明光浩淼消防科技發展有限公司成立於 1986 年。其前身是一家以維修汽車、消防車為主營的校辦小企業，初始期有員工人 14 名，年營業額幾萬元至幾十萬元。2004 年改制為民營企業，由原創辦人買斷產權和經營權。成立了明光浩淼消防科技有限責任公司。經過「十五」、尤其是「十一五」期間的發展，到 2010 年實現年銷售收入 2.2 億元。

為了迎接國家第十二個五年計劃的實施，浩淼消防科技公司近日制定了「十二五戰略發展規劃」。（試行稿。）由三部分構成：

第一部分—十一五企業經營發展情況回顧：

---

18 傑克·韋爾奇：《贏》（北京市：中信出版社，2007 年 9 月），頁 156。

2006──2010 年經營業績分析：

固定資產投資：購置土地 170 畝；新建廠房 16000 平方公尺；新建辦公樓 2400 平方公尺；招聘大學生 30 多名；改造、新建員工住房 500 平方公尺；固定資產增值 15000 萬元；生產各型消防車 1600 輛；實現銷售收入 8 億元；繳納稅金 3800 萬元；捐資社會 202 萬元；拓展軌跡市場，出口消防車業務起步（4 輛）；研發新產品 60 多項；獲得國家適用新型專利 20 多項，其中發明專利 2 項。

第二部分──十二五公司發展戰略分析要點：

第一：企業外部戰略分析：

企業外部經營環境分析：大環境有利於企業發展，隨著經濟建設發展，對公共安全產品需求量逐年上升。

政府管制政策分析：產品品質管制越來越嚴格；政府集中採購逐漸規範。

行業領域競爭狀況分析：全國有資格生產企業由原來的 8 家增加到 45 家，競爭非常之激烈。

價格分析：政府公開招標，基本上低價中標，企業利潤空間越來越小。

第二：企業內部戰略分析：

物質資源：可滿足年產 500 至 600 輛消防車的生產能力。

人力資源：全廠有員工 340 多名，大專以上文化 50 多名，高中中專畢業生 200 多名。

組織狀況：公司設股東會、董事會、總經理高管團隊、中層職能

執行機構 6 各部門；4 個生產車間。

　　管理狀況：高管團隊智力均繫大學本科畢業，管理能力較強且有較長時間的企業管理經驗；中層執行團隊文化層次較高，年輕，協調、組織、執行力較強。

第三：戰略規劃選擇：

戰略態勢指導方針：求穩、求精、求進、創新、競爭制勝。

產品戰略：專業化經營為主，積極發展多元化經營。

市場戰略：立足國內、開拓國際。

防風險戰略：依法經營，精細管理，預防風險和危機。

第四：戰略實施分析：

圍繞「產品和服務」進行思考定位，走「反大眾化」之路。

改善公司高層管理團隊，充分發揮「特殊器官」的領導作用。

加強中層執行機構建設，實現扁平化管理，提高辦事效率。

加強文化建設，培養企業核心競爭制勝力。

規範內外服務標準，內部以員工滿意為關注焦點，外部以顧客滿意為公司全員關注焦點，努力實現經營目標。

　　經營目標。

　　產量目標：5 年裏計劃生產各型消防車 2500 輛左右，消防水泵 2000 輛左右臺；

　　品質目標：國家法規項合格率 100%；非法規項合格率 95%；

　　市場目標：鞏固國內市場，積極開拓國際市場。

銷售目標：年增長 20%左右。

服務目標：國內使用者 4 小時應答，24 至 48 小時服務到達直接使用者單位；

稅金目標：5 年計劃納稅金 8000 萬元左右。

固定資產投資目標：5 年裏安排技術改造資金 2000 萬元左右。

技術研發投入目標：計劃研發高端新產品 20 項，申請專利 30 項；投入研發經費 2500 萬元左右。

員工薪酬收入目標：一線生產工人收入年增長 10%以上。

四 競爭制勝力

在國人的心目中，幾乎把孔子儒家理解為仁愛之心、禮讓之心，凡事講和氣、寬容、忍讓，不與他人爭利，這完全是曲解了孔子儒家的思想也。前文已引用孔子關於君子也爭的教誨，茲再述之如下：

孔子曰：「君子無所爭，必也射乎！揖讓而升，下而飲。其爭也君子。」[19]

孔子之意是說：君子是講仁愛的，故無所爭。遇到利益之時，要先考慮是否合乎道義，把義放在先。近日央視媒體宣傳雲南省元寶山地委書記楊善周的動人事蹟，他是中國當代儒者的優秀代表。楊書記從政幾十年，老伴仍是農村戶口。退休之後，到大山上帶領群眾植樹

19　《論語·八佾》，頁 22。

造林，經過 20 年的艱苦奮鬥，把一座座荒山變成了綠樹遍野，價值幾億元。可是，老楊一分錢也不要，多麼偉大的情懷啊！這就是君子無所爭也！但楊書記卻無時無刻不在爭，披星戴月帶領群眾植樹造林，綠化荒山，就是與荒山爭奪財富，終於獲得了巨大的效益。所以孔子說君子如果有爭之事，那就是射箭比賽吧。即使是射箭比賽，也非常有禮貌，彼此相互作揖謙讓，客氣一番，而後登堂比賽。比賽結束之後，大家走下堂，舉杯飲酒，祝賀勝者。君子之間射箭比賽，這樣的競爭也是符合禮的。若射箭比賽輸了，不能怪贏者，只能怪自己射箭的技術水準不行。

亞聖孟子曾言：「仁者如射：射者正己而後發；發而不中，不願勝己者，反求諸己而已矣。」[20]孟子之意與孔子所言極其相似也。

程樹德先生說：「君子之爭禮儀，小人爭者血氣。……世間多事多起於爭，文人爭名，細人爭利，勇夫爭功，藝人爭能，強者爭勝。無往不爭。」[21]

現代世界處處充滿競爭。資本帝國主義大國以強欺弱，以大欺小。以美國為首的資本帝國主義者們，到處搶奪資源，挑起世界激烈的競爭。所以，中國的企業家們必須樹立強烈的競爭意識，研究競爭方略，切不可書生氣十足矣，切不可像「輪胎特保案」那樣，在美國反訴聽證會上應答驢頭不對馬嘴，輸得精光。

20　楊伯俊譯注：《孟子譯注‧公孫丑章句上》（北京市：北京市：中華書局，2008年3月），頁81-82。

21　程樹德：《論語集釋》，頁156。

本章小結

本章共 4 節，第 1 節主要論述思考力，著重領會孔子「九思」之教誨，分析思考力之產生、應用；第 2 節論述決策力，思考問題勿優柔寡斷，否則貽誤商機；第 3 節論述戰略制勝力，著重研究何謂企業戰略？如何制定企業發展戰略？如何提升企業展戰略制勝力。第 4 節論述競爭制勝。中國人幾千年來講仁愛、寬容，宣導先人後己，這是對仁者而言的；對資本帝國主義者們，必須「以直報怨」，精心研究競爭策略，制定競爭計劃，努力提高執行力，每戰力求勝於對手。

第七章

執行力制勝

▇ 子路無宿諾

子曰：「片言可以折獄者，其由也與！」子路無宿諾。[1] 片言：單方面的言辭。 獄：案件。 折獄：斷案。 宿諾：拖延很久沒有實現的諾言。

孔子之意是說：僅僅依據單方面的言辭，憑個人判斷能力就可以審理案件的，恐怕只有仲由吧！這是孔子在表揚子路，肯定子路辦事情，不過夜，不拖延。按現代管理學論，子路辦事情非常講究效率，具有很強的執行力，這應是古之先賢為後人樹立的楷模也。

仲由（前542-前480），字子路，又稱季路，卞人也。子路是孔子弟子中七十二賢達學生之一，比孔子小9歲，是開門弟子中年齡較大者之一。據史料記載：「子路性鄙，好勇力，志伉（kang）直，冠雄雞，佩豭（jia 公豬）豚（tun 小豬），陵暴孔子。孔子設禮稍誘子路，子路稍後4儒服委質，因門人請為弟子。[2]

有一次，季康子問：「仲由可使從政也與？」子曰：「由也果，於從政乎何有？」從這裏可以看出，孔子對子路從政給予肯定，因為它辦事果斷，所以從政沒有困難。

我們從古之先賢子路執政「無宿諾」「由也果」的作風，看到遠在2500多年前，偉大的孔子似乎就非常重視辦事要果斷，不要拖延。時值21世紀之今日，人類社會已進入科學技術高度發達的時

---

1 《論語・顏淵》，頁130。
2 馬玉琴等主編：《二十五史・史記》（延吉市：延邊人民出版社），頁225。

代，尤其是信息技術的傳播和普及，已深入到億萬群眾之中。所以，大力提倡執行力，對於企業家們尤其具有十分重要的意義。

美國企業戰略管理專家傑克・韋爾奇先生曾經說過：速度就是一切，是現代競爭不可或缺的重要因素。尤其是 21 世紀的今天，世界經濟全球化，各國都在加快發展步伐，特別是有近 14 億人口的中國，發展慢不得，必須快速佔領世界科學技術的制高點，和世界資本帝國主義搶時間，爭速度。資本主義幾百年的時間，實現現代化，而中國必須用最短的時間、最快的速度，趕上、超過發達國家。到那時，中國人的底氣更足，腰杆子更硬，話語權更多，分量更重。這就是我們現代中國人急需要增強執行力的重要原因。

☰ 子貢不器

子貢問曰：「賜也何如？」子曰：「女，器也。」曰：「何器也？」曰：「瑚璉也。」 器：器物，器具。 瑚璉：古代宗廟盛黍稷器皿，非常貴重。所以孔子才把子貢比作瑚璉，肯定子貢之非凡的才能和經商之本領。[3]

中國古代所謂器具可能是單一功能，特定的用途。因此，孔子要求他的學生門人不能只有單一才能，要具備多方面的知識和能力，這樣才能做到「君子不器。」「不器」者應見多識廣也，思維敏捷也，無論在國內或國際交往中，不被他人暗算，做到不惑、不憂、不懼也。

3　《論語・公冶長》，頁 41。

子貢：姓端木，名：賜，字子貢，孔子非常器重、讚賞的學生，比孔子小 31 歲。子貢不受官府之命，奔波於曹、魯之間，賣賤買貴，億則屢中，府庫充盈，且廣施於民，博施於眾。孔子老年的生活全由子貢承擔，孔子仙逝之後，孔子弟子守孝三年，唯子貢堅持守孝六年。子貢是位仁者，亦是一位孝者，對老師孔子可謂忠心耿耿。同時也是一位善於外交的政治家。春秋晚期，諸侯國紛爭，子貢因能言善辯，他利用諸侯國之間的矛盾，扶弱擊強。故子貢一出，存魯、亂齊、破吳、強晉，而霸越，使勢相破，十年之中，五國各有變。

子貢之睿智是今天企業家們效法的楷模。我們即使有非常好的發展戰略規劃和實施計劃，也需要有才幹的人去執行，去實現。所以，企業的發展戰略規劃是企業的行動指南、前進目標，而朝著目標奮進的是由一群鮮活的人才組成的團隊。

三 唯才是舉

偉大的孔子有弟子三千，其中七十二賢人，那是一個強大的團隊，而且非常有凝聚力，這個團隊的統帥就是孔夫子。孔子團隊裏可謂人才濟濟，他老先生把學生按才能分成四科，即德行科、語言科、政事科、文學科，每個科均有代表人物。

古往今來，歷朝歷代的開明帝王，都非常重視選賢任能。早在三皇五帝時代，就採取選賢才治理國家；殷、周時期推行「世卿世祿」；秦漢時期「察舉徵辟」；魏晉時期實行「九品中正」；隋唐時期開始「科舉考試」，後來出現了「唯才是舉」，錄用政府官員，打

破世襲制，使得百姓子弟有進入官場的機會。目前，國家推行的公務員考試，更是「唯才是舉」的延續與創新。

人才乃國家之珍寶、企業之財富也。自古至今，世界各國技術經濟的進步，都是由一群鮮活的人構成的組織推進的。所以，任何一個企業要在激烈的市場競爭中立於不敗之地，就必須有一批高素質的人才組成的團隊去謀劃、「不顧一切地「去拼搏、去奮鬥。像海爾的張瑞敏先生、聯想的柳傳志先生等傑出統帥，都是當政者睿智選才，才把瀕臨倒閉的企業起死回生，建成世界有競爭力的大公司。

偉大的孔子離世不久，大約在公元前 480 年前後，墨子降生於世。墨子今山東滕州人，他主張社會和政府機構應向有才能的開放。墨子曰：「故古者聖王之為政，列德而尚賢。雖在農與工肆之人，有能則舉之，高予之爵，重予之祿，任之以事，斷予之令！」[4]

墨子尚賢有兩句名言：「尚賢為政之本」，「歸（饋）國寶不若尚賢而進士。」他把尚賢擺放在國寶的位置，是實現國家大政的根本保證。、墨子曰：「賢士不可不舉。」儒家經典《大戴禮記》曰「仁者莫大於愛人，知（智）者莫大於知賢，政者莫大於用賢。有識之君修此三者，則四海之內拱而視之。」[5]可見儒墨思想相通焉。

如何尚賢？墨子提出要做到三本：要識才、要用才、要惜才。墨子認為，賢者有三端——德、言、術。曰：「況又有賢良之士，厚乎

4　舒大剛：《墨子的智慧·尚賢》（北京市：中央編譯出版社，2008 年 4 月），頁 23。

5　舒大剛著：《墨子的智慧·尚賢》，頁 23。

德行，辯乎言談，博乎道術者乎？此乎國家之珍，社稷之佐也。」[6]

墨子還認為，尚賢三本，他主張「富之貴之，敬之譽之」，「高予之爵，重予之祿，任之以事，斷予之令。」只有如此對待賢才，才能充分發揮賢達人才之作用也。因為「爵位不高，則民不敬也；蓄祿不厚，則民不信也；政令不斷，則民不畏也。故古聖王高予之爵，重予之祿，任之以事，斷予之令。」[7]

墨子論古之人才「三本」，今天政界、商界領導者們完全可以效法也。治國為政，要選用賢能之才。為官清正，為人廉明，則民信、民服、拱之，「國者莫大於用賢」。企業亦需選賢者主企也，尤其是公司的董事長、總經理人選，非常之重要也，他們構成企業決策層和執行層團隊，關乎企業戰略目標的制定和實現，關乎公司競爭制勝矣！

子曰：「先進於禮樂，野人也；後進於禮樂，君子也。如用之，則吾從先進。」[8]野人：即無爵、無祿的一般百姓，在野之人。先進於禮樂：指先學習禮樂，後獲得官職的人。後進於禮樂：指先獲得官位後學習禮樂之人。君子：指卿、士大夫等階層的當權貴族。

孔子之意是說：那些在野之人，先學習禮樂，而後獲得官職；原來是沒有爵位和官位的普通百姓；那些先獲得官位以後，再去學習禮樂的人，是卿、士大夫。如果要我來選用人才，我定會選用那些在野

6　《墨子的智慧·尚賢》，頁29。
7　舒大剛：《墨子的智慧·尚賢》頁30。
8　《論語·先進》，頁111。

之人，因他們沒有後臺，故他們先學習禮樂，而後才能獲得官位和爵祿。這是孔子選賢任能，唯才是舉的人才觀。

最近，翻閱人民日報，2010 年 11 月 16 日第 11 版刊登了西藏自治區書記張慶黎先生的一篇文章，題目是《不拘一格用人才》，是膽識更是責任。張書記指出：「人才價值，以用為本。有大略者不問其短，有厚德者不問小疵。要破除論資排輩、求全責備的觀念，唯才是舉，大膽使用優秀人才。」[9]

張書記在文章中論述道：「國以才立，政以才出，業以才興。」「發展要靠人才支持，穩定要靠人才推進，未來要靠人才創造，……。人才太重要了，具有特殊的基礎性、戰略性和決定性意義。」

國家發展要靠人才，企業創新要靠人才。當前，國際國內諸多矛盾交織，許多困難需要克服，外部干擾需要排除。尤其是和世界資本帝國主義做政治、軍事、經濟、科技諸方面的較量，只有靠具有遠見、膽識、智慧、謀略、勇氣的人才，才能戰而勝之。前文所及幾個案例，中國一些部門之所以在國際競爭中失敗，主要是有人無才、或才疏、或才差、或有背景。要是能遵循孔子之教誨，先用些「野人」加以專業培訓，也可能在應對世界資本帝國主義的欺騙時，不至於上當，不至於被蒙蔽，不至於再使中國的大豆、棉花、玉米、輪胎、鞋子、服裝等一次又一次吃敗仗。

國家政府採取諸多優惠措施，招聘各種人才。據人民日報 2010

9　《人民日報》2010 年 11 月 16 日 11 版。

年 11 月 16 日報導：浙江省杭州市推出「人才專項用房」，以吸引、留住來杭州工作的各類人才。杭州市政府制定了《杭州市人才專項用房三年行動計劃》，三年內，安排土地 1500 畝，建設人才專用房 150 萬平方公尺。人才專用房的價格只相當於同地段商品房價格的 50%。這個政策在全國應是首創。

企業創新靠人才，這是不言而喻的真理。當今，世界技術進步日新月異，發展迅猛。中國在短短幾十年裏，在困難、壓力重重的環境下，高端科學技術的發展進步，令世人驚歎不已。所以，創造必將取代製造，創造能力已經成為國家的核心競爭力的重要組成部分。

美國《科學與人》雜誌：「代表本世紀人類進步的兩個主要標誌是：電子電腦和創造技法。」[10]

企業創新能力提升，一方面要大力發揮老一代人才的作用，同時，要大力培養新生代。要鼓勵、支持人才個性發展，注意發揮特殊人才的內在潛能，大力宣導當優秀的科技人才領頭雁。只有如此，企業才會產生出具有競爭力的新技術、新工藝、新材料合成的新產品。

案例：

2011 年 3 月 31 日，人民日報第五版報導了中國知識型技能型工人的傑出代表——山東省青島港孔裝卸班長祥瑞的先進事蹟。他 17 歲參加工作，只有初中文化，但幾十年來，他邊幹活邊學習，刻苦鑽

---

10 克裏爾主編：《哈佛名人教程》（呼和浩特市：內蒙古人民出版社，1997 年 12 月），頁 106。

研，幾十年如一日地不懈努力，創新 180 多項科技成果，獲得了全國勞動模範的光榮稱號，為青島港節約增效上億元資金。

截止到 2011 年初，他共主持了技術創新 35 項，修舊利廢 320 項，節能降耗 25 項，其中有 6 個專案獲得了國家專利。孔祥瑞師傅的感人業績充分證明：中國當代普通勞動者大軍裏，人才有之也。

中國消防滅火機器人誕生於一個校開工廠。2001 年 6 月，安徽省明光市高級職業中學校辦消防器材廠，從歐洲國際消防技術展覽會上搜集到一份法國滅火機器人的資料，該廠一位只有初中文化的設計人員童道林君，抱著一份好奇心，認真鑽研，在企業領導的大力支持下，童道林君經過四個月的拼搏，研製出中國首輛消防滅火機器人，經上海國家消防產品技術監督檢驗中心的定型試驗，該機器人從發動機點火、掛擋、前進、後退、鳴笛、左右轉彎、均實現無線操作，並無線遙控取力器、水泵、水炮。噴射滅火劑，當年申請了專利。在 2002 年的香港、倫敦、世界尤裏卡國際專利技術博覽會上，均獲得了金獎；被美國世界貿易促進委員會等三家推薦為世界高新技術產品和國際名牌產品。

童道林君於 2002 年因患肝癌，企業為其花去 10 多萬元，未能得救而去也。之後，這個項目由該廠的一名只有職業高中學歷的張正明同志傳承下來，並不斷創新，先後研製出隧道救援機器人、石油化工滅火機器人、防暴機器人等先進裝備。張正明目前擔任浩淼公司機器人研究所所長。

上述案例足以說明，企業人才之重要。但是人才不等於學歷、文

憑，先進「禮樂」的「野人」亦可成為人才也。企業用人要做到唯才是舉，既要重視德行、品質，更要注重才能及實際操作能力和本領。

創造出高端產品，優質服務，以滿足市場和用戶之需求。

四 建團隊

毛澤東先生曾經說過：政治路線確定之後，幹部就是決定的因素。世界上任何一個國家，都有政治建制。美國設州、市；日本設縣、省；中國設省、縣、鄉、村各級政權機構，選派官員負責管理政事。企業亦需建立管理團隊，負責企業的經營。

企業團隊的素質決定企業的興衰成敗。無論是國有企業還是民營企業，都必須組建強有力的管理團隊，負責制定企業的戰略規劃、實施戰略目標的方法和步驟。所以，企業的團隊建設是辦好公司的頭等大事。

企業規模不同，運營的模式亦不盡相同。大公司一般採取直線制，強調層級管理；中小企業尤其是民營企業一般採取直線職能制，內部職能機構較少，便於快速溝通，提高執行力。

案例（1）：春蘭集團公司的矩陣管理體製圖[11]

---

11 劉冀生編著：《企業戰略管理》（北京市：清華大學出版社，2010 年 4 月），頁239。

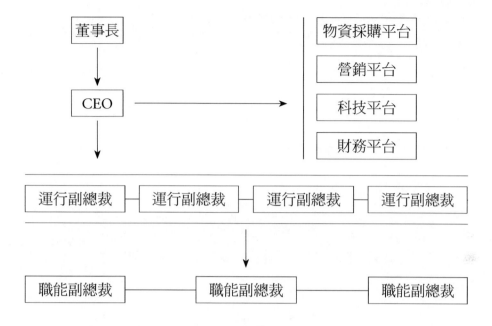

春蘭公司是一家大企業，其組織結構與中小企業不同。現介紹一中小民營企業團隊組織結構。

案例（2）：

明光浩淼消防科技發展有限公司，有員工 340 多名，佔地面積 230 餘畝，目前年生產各型消防車近 400 輛，2010 年實現銷售收入 2.2 億元人民幣。該企業是家族式民營公司，創業者是父輩，四名子女均有股份，都是老闆。2011 年聘請了一位總經理，負責主持公司的經營。

家族民營企業——明光浩淼消防科技發展有限公司的組織結構：

股東會（5 名）

董事會（5 人）　　監事會（3 人）

總經理執行團隊（5 人）

副總經理　　副總經理　　副總經理　　總經理助理

中層執行團隊（8 人）

技術部　生產部　市場部　財務部　發展規劃部　品質部

董事會成員：股東 3 人，總經理 1 人，副總經理 3 人。（其中有 2 名股東擔任副總經理。）

總經理團隊：股東 2 人非股東 3 人。

這個公司高管執行團隊領導班子特點：

知識水準較高，結構較合理。高管 5 人均繫大學本科畢業生，理工科 4 人。其中技術 4 級 1 人，在讀工商管理博士生 2 人（文科兼英文翻譯），總經理係西安交通大學發動機專業，管理者代表繫上海交

通大學材料力學系專業。另為了培養後備人才，公司董事會聘請了兩位 40 歲出頭的、且有多年消防車技術、生產經驗的工程師擔任總經理助理。

年齡較輕：高管執行團隊年齡結構：40 歲以內 1 人，50 歲以內 2 人，56 歲以內 2 人。（中層執行團隊幹部年齡均在 35 歲左右。）

性別結構：男性 3 人，女性 2 人。

企業制定了戰略決策，還需要有強有力的執行者。否則，再卓越的戰略規劃只是打在電腦裏，或列印在紙張上，會束之高閣。所以，認真挑選人才，組建企業高、中層管理團隊，是企業競爭制勝的關鍵。

明光浩淼消防科技公司董事會對高管團隊提出了三條要則：

第一，和諧溝通，與時偕進。

第二，高效執行，競爭制勝。

第三，科學管理，以人為本。

（資料來源：明光浩淼消防科技發展有責任公司「十二五發展規劃」文稿。）

五 團隊應變力

曾子有疾，召門人弟子曰：「啟於足！啟於手！《詩》云：『戰

戰兢兢，如臨深淵，如履薄冰。』而今而後，吾知免夫！小子！」（《論語・泰伯》頁 79。）啟：看、視。履：踐，意指踏薄冰要十分小心前行。

曾子：名曾參，南武城人，字子輿。少孔子 46 歲。因曾子能通孝經，故授之業。做《孝經》，死於魯。（馬玉琴、王國軒等主編《二十五史・仲尼弟子列傳》頁 229。）

曾子之言，意思是說他有病了，叫弟子門人過來看看他的足和手。此時曾子用《詩經》之語，教導弟子們為人做事要小心謹慎！不要張揚，就好像到了很深的水潭邊，稍不慎就會掉進深淵裏去淹死的。又好像行走在薄冰之上，不小心就會踏破薄冰，掉進冰冷的水中。

曾子之言可啟示國人：時時要有危機感，即使事業在旺盛之時，亦需保持清醒的頭腦，不能自滿，否則會招來災禍。

當今世界到處充滿著火藥味，幾乎無淨土也。尤其是中國似乎更處於火藥桶之上。前文已簡要論述了中國周邊的國際形勢，使國人確實感到處在「戰戰兢兢」的環境之中搞建設。所以，我們決不能自認為 GDP 居世界第二，就沾沾自喜了。

領導者既要有決策能力和執行能力，亦要具有應變之能力。因大千世界不知道何時會發生意想不到的事情，尤其是天災如地震、洪水、泥石流、狂風、暴雪、大旱等等自然災害頻頻發生，始料不及。還有「人禍」，即國內外恐怖分子製造突發事件，諸如暴亂、爆炸、

放火、投毒、綁架等。一旦發生突發事件，會給百姓帶來不安、恐懼、災難。故而卓越的領導者在突發災難來臨之際，要具有超強的心理素質和快速應變能力。「凡事豫則立，不豫則廢。」[12]企業領導者亦應是如此也，當公司出現風險之時，要盡快調整自己的心態，冷靜應對出現的事件，切勿急躁，切勿喪失信心。前文所述的「輪胎特保案」「大豆被騙案」「玉米種子案」等風險事件，只有對資本帝國主義者們「視其所以，觀其所由，察其所安。人焉廋哉彛人焉廋哉！」不斷地總結經驗，吸取嚴重的教訓，避免受洋人之騙也。

研究企業風險，大體有以下幾種可能發生的事情：

首先，產品品質風險。公司遭顧客投訴，嚴重的被媒體曝光，政府行業管理部門處罰。此時，企業面臨著失去顧客，產品滯銷，引起公司內部員工動盪，人心浮動。

第二，違規經營風險。企業遭政府法律追查，公司法人代表被刑拘關押。很快會引起公司「地震」，如國美的黃光裕案件，致使國美公司元氣大傷也。

第三，財務風險。由於制度缺乏監管，企業財務資金突然遭洗錢重創，財務人員捲款而去。例如，蘇州某企業財務總監攜帶 300 萬元而去，企業領導者採取積極的應對措施，有效減少了企業的損失。

第四，市場銷售人員突然「跳槽」，卷走企業多年經營的客戶，失去某些銷售市場。

12　《四書·中庸》第 20 章，頁 126。

第五，潛規則風險。由於當前政府採購法流於形式，市場潛規則暗流湧動，企業銷售業務員為了爭奪市場，幾乎絞盡腦汁，無所不用其極。尤其是「回扣」風盛行，如一地「翻船」，將會招致全軍覆沒也。

第六，安全風險。企業內部由於管理不慎，導致工傷事故；加之新勞動法規定：員工上下班在路途中發生的人生傷亡事故，均由企業承擔。企業一旦發生員工人身傷亡事故，公司領導人頓時壓力倍增焉。

第七，天災——自然災害風險。如 2008 年 5 月 12 日的中國四川汶川大地震，亞洲最大的綿陽市東方電機廠遭受重大損失，一批技術骨幹不幸遇難，廠房幾乎變為廢墟。今年 3 月 11 日日本宮城縣、岩首縣、福島縣發生裏氏 9 級特大地震，損失極為慘重。

以上幾點是所有企業可能遇到的或普遍存在的風險。除自然災害具有突發性、不可預見性之外，其餘風險，稍有不慎，說不定風就會降臨到經營者的面前。所以，企業的領導者一定要有應對各種風險之能力，這也是競爭制勝不可或缺的基本素質。

六 敏於執行

孔子曰：「君子欲訥於言而敏於行。」[13]訥：意遲鈍，此指說話謹慎。 敏：是形聲字， 為形，每為聲， 表示與行為動作有關聯。敏的本意指快捷、靈活、迅速。引申為頭腦機敏，反應快。敏

---

13 《論語·里仁》，頁 30。

銳、敏感、敏捷、機警、聰敏，有智慧。敏行不殆，辦事情要勤奮敏捷，肯動腦筋。[14]

目前，國內研究執行力的文章不少，都非常有實用價值和指導意義。這裏我就孔子「君子訥於言而敏於行」之教誨，作一點論述。

敏於行的「行」字，在古文字裏是象形字，像道路交叉的十字路口。「行：字本義是指行走。（似二人行走。）又可指道路。後專指行列。又引申指班輩、排行，還引申營業執照和工商類別。再引申為做、實行，有能力、有才能。人的品行、德行等。[15]

敏於行特指為實現某一目標而行動，如戰爭打仗，快速消滅敵人結束戰鬥。企業一般特指為實現公司理想和經營目標而拼搏。「理想是奮鬥的目標，對於一個人的成功非常重要。但是，一個人不能只生活在理想之中，這樣就無法實現理想。所以，有理想和希望固然重要，但是更重要的還是行動。」[16]

世界上任何國家裏的任何組織和個人創辦企業，大都是為了獲得效益，除了承擔社會責任，主要是獲得經濟利益，即創造財富。發財致富乃人之所欲，如果僅僅停留在口頭上，天天坐而論道，那樣下去，財富是不會從天而降的。

楊樂先生指出：「成功始於心動，成於行動。一個隻懂得坐在雲

---

14 倪世和：《論語與商道》（南昌市：江西人民出版社，2010 年 6 月），頁 95。
15 《新華大字典》，頁 1395。
16 楊樂：《西點軍校給青年的 16 個忠告》（臺北市：臺灣海鴿文化圖書公司，2007 年 5 月），頁 55。

端想入非非而不能腳踏實地地去努力的人，是永遠也不會取得成功的。」[17]世界上大凡取得成就的企業家們，他們都有一個共同的名言：行動！否則，財富是不會同他們結緣的。

這裏我想起一個日美兩國企業競爭的案例。在 20 世紀 60 年代，澳大利亞要籌建一個發電廠，美國和日本有兩家公司去澳大利亞競爭那個業務。日本人在和澳方洽談結束的當天即飛回去，他們一下飛機直奔公司大樓向公司董事長彙報談判結果，董事長立即批准投資方案，那位經理人次日就飛回澳大利亞並快速和澳方簽訂了合作協定。而美國人卻在咖啡店裏喝咖啡、啤酒，等到他們回到美國打電話問澳大利亞何時再談發電廠合作時，日澳合作協定已簽訂完畢。這個案例足以說明，在商場激烈競爭的時代，確實慢不得，行動要像軍事打仗一樣迅速，捷足先登才能制勝矣。

正如傑克·韋爾奇先生所言：「執行力是一種專門的、獨特的技能，它意味著一個人要知道怎樣把決定付諸行動，並繼續向前推進，最終達到目標，其中還要經歷阻力、混亂，或者以外的干擾。有執行力的人非常明白，『贏』才是結果。」[18]

敏於行就是執行力，敏者快也，速也。就是團隊辦事的能力，完成工作任務的能力。企業的競爭力完全表現在企業各層面員工的「敏於行」上。所以，企業領導者充分調動全體員工的積極性、創造性，是管理工作非常重要的內容。

17 楊樂：《西點軍校給青年的 16 個忠告》（臺北市：臺灣海鴿文化圖書公司，2007 年 5 月），頁 56。
18 傑克·韋爾奇：《贏》。頁 77。

要做到「敏」，就要克服一些人的懶惰思想。正如孔子所批評的那樣：「飽食終日，無所用心，難矣哉！不博弈者乎？為之，猶賢乎已。」[19]孔子之意是說：一個人一日三餐吃飽了飯，或坐在辦公室高談闊論，或東遊西逛，無所事事，此種人是很難有所作為的。不如去找朋友下下棋，總比沒有事做好啊。

中國明代著名才子文徵明的兒子文嘉（1501-1583），是著名的畫家、詩人，字子休，號文水，湖廣衡山人，祖籍長州（今江蘇蘇州）。文嘉曾寫過一篇有名的《明日歌》曰：

明日復明日，明日何其多。

我生待明日，萬事成蹉跎。

世人若被明日累，春去秋來老將至。

朝看水東流，暮看日西墜。

百年明日能幾何，請君聽我明日歌。

這首小詩共有 58 個字，其中 7 次提到「明日」，詩人反覆告誡人們：要珍惜寶貴的光陰，做事切勿拖延。按照現代語言來說，就是辦事講效率，今日復明日，是缺乏效率意識和進取精神的表現。

比爾·蓋茨說過：「明天是魔鬼的座右銘。……對懶散而無能的人來說，明天是他們最好的搪塞之辭。而對於一個成功者來說，一定

19　《論語·季氏》，頁 197。

要把握住現在。」[20]

　　楊樂先生指出：「拖延說到底是一種壞習慣，年輕人要克服拖延的習慣，一定要樹立『立即行動』的時間觀念。」這是美國西點軍校對他們學員的嚴格要求。西點軍校為美國培養出數以千計的大公司總裁、原因很簡單：他們非常強調辦事效率和時間觀念。僅從時間可以充分利用來說，昨天已經過去，失去的光陰無法挽回，明天還沒有到來，故只有今天的時間是實實在在的，而且是一分一秒地失去，能使用的只有今天的 24 小時。人們所取得的偉大業績、輝煌成就，都是「今天」奮鬥的結果。

　　所以，充分把握時間，有效利用時間，對每一位企業家來說，是非常重要的。日本豐田汽車公司提出「日事日畢，日結日清」，就是告誡大家把今天的事情做好、做了，這就是效率，就是競爭制勝的法寶。

　　西點軍校把行動作為評價每一位學員的準則，他們強調：只有行動才能證明人生的價值。《16 個忠告》指出：「雖然在生活中沒有目標不會遭受失明甚至死亡的威脅，但是會讓我們面對近在手邊的機會而茫然不知，這是用一生的代價對盲目的行動作出的懲罰。……在生活中，很多人像終日拉磨的驢子一樣，在盲目地原地打轉，他們就像地球以上的螞蟻，看起來很努力，總是不斷地在爬，然而卻永遠找不到終點，找不到目的地。」[21]

20　高紅敏：《比爾・蓋茨給青年的 9 個忠告》，頁 56。
21　楊樂：《西點軍校給青年的 16 個忠告》，頁 64、65。

敏於行是競爭取勝的重要因素。任何一個企業即便制定了優秀的戰略發展目標，要想實現經營目標，就必須靠管理團隊的敏於行即執行力。一般情況下，企業執行力路線圖如下：

決策層→出思路→確定經營計劃目標→配置資源→考覈業績→激勵先進。

執行層→出套路→科學組織員工實現產品→轉化成商品，轉化為貨幣。

其間需制定公司經營目標實施細則，以確保公司整體效益的實現。

贏在中層。結果在程序控制，細節藏在過程之中，程序控制決定成敗。一著棋不慎，就很可能導致全盤皆輸。故而公司高層要把目光緊緊盯住中層的「敏於行」上，抓好訓練、考覈、激勵、提升。

基層員工→高層出思路，中層出套路，基層做事就會上路。基層是公司經營目標積極實現的群體。物化勞動者，幹實事的階層。所謂細節、過程幾乎都藏在基層操作過程之中。這個層面人數幾乎占企業員工總數的 65%左右，故而充分調動基層員工的積極性，是企業執行力非常關鍵的一環。

本章小結

本章共 5 節。第 1 節主要論述領導者們以子路為榜樣，辦事「無宿諾」，不拖延。第 2 節、第 3 節論述尚賢，效法子貢等才幹，強調

墨子宣導的「人才三端、三本」，樹立科學的人才觀。第 4 節論述團隊建設的重要性，尤其是企業制勝的核心競爭力是團隊。團隊要有敏捷的應變能力。第 5 節論述「敏於行」，重點是強調執行力之重要，企業家們要懂得效率是競爭不可或缺的因素。

本章重點是講如何依靠人才，建立和諧溝通、高效辦事、科學管理之團隊。在當前激烈的國際、國內競爭過程中，大力提高執行力，用「敏「思考，用」行」制勝也！

不僅如此，企業還需要「齊之以禮」，制定可行的、符合以人為本的規章制度和激勵措施，以充分調動員工的創造性、積極性。用制度規範企業的經營，增強競爭制勝力。

第八章

以禮制勝

■ 齊之以禮

企業有了人才，必須建立高效辦事的團隊。但是，這還不能完全保證競爭取勝，還需要制定一些切實可行的規章制度，制定有效的激勵辦法。用各種「禮」制規範公司的經營過程。

孔子及儒家非常重視「詩、樂、禮」的教育。早在 2500 多年前，孔子曰：「興於詩，立於禮，成於樂。」[1]詩可言志，誦讀詩篇能使人振奮；禮儀可以使人們遵守道德法律；音樂能夠陶冶人的情操。

關於「禮」，《漢書》中說：「人性有男女之情，妒忌之別，為制婚姻之禮；有交接長幼之序，為制鄉飲之禮；有哀死思遠之情，為制喪祭之禮；有尊尊敬上之心，有制朝覲之禮。」[2]《漢書》所言，禮是在社會生活實踐中產生的。禮的作用是規範社會婚喪嫁娶之序，長幼之分，君臣之義。所有這些都與「情」子相關。它關涉到人的潛意識，因為禮的產生都與人的活動聯繫在一起，婚喪嫁娶都體現不同人的情感，而人的情感和意識不可分也，它和真善美三者恰當融合，有很強的精神穿透力和凝聚力。所以，企業應當而且必須高度重視禮的制定和教育。用禮規範員工的思想道德和工作標準。

孔子在論述為政時曰：「道之以正，齊之以刑，民免而無恥；道之以德，齊之以禮，有恥且格。」[3]道：此意指方法。治國之方法。

1　《論語·泰伯》，頁 81。
2　方爾加：《儒家思想講演錄》（北京市：東方出版社，2008 年 2 月），頁 39。
3　程昌明譯注：《論語》（太原市：山西古籍出版社，2001 年 6 月），頁 10。

政「此指法令、制度、條例。 齊：此做動詞用，使國家社會整齊、穩定。 禮：規矩、方圓、標準、制度、禮儀、禮節、措施等。 免：避免。格：此意指清除，格不正確之物，糾正錯誤，亦為某物品如窗戶格子，練習本作業格子本。

《四書·大學》曰：「古之欲明明德於天下者，先治其國；欲治其國者，先齊齊家；欲齊其家者，先修其身；欲修其身者，先正其心；欲正其心者，先誠其意；欲誠其意者，先致其知；致知在格物。」[4]這裏講的是儒家如何治國、齊家、修身、正心、誠意、致知、格物？先哲運用排比，邏輯性非常之強。是《大學》的綱目。

何謂格物？方爾加先生論述道：「格物就是即物，致物，接觸物。不接觸物，腦袋空空，不明事理，不懂是非善惡，如何修身。」[5]作為企業的領導者，首先要修身、正心，才能治理企業。這就需革除弊端，格去舊物，建立新的以人為本的「禮」制，開導員工，遵守「禮」規，約束行為，提高素質，才能在各自的崗位上誠其意，正其心，善其事焉。

顏淵問仁。子曰：「克己復禮為仁。一日克己復禮，天下歸仁焉。為仁由己，而由人乎哉？」顏淵曰：「請問其目。」子曰：「非禮勿視，非禮勿聽，非禮勿言，非禮勿動。」

顏淵曰：「回雖不敏，請事斯語矣。」[6]

4　王國軒、張燕嬰、藍旭、萬麗華譯：《四書·大學》，頁106。

5　《儒家思想講演錄》，頁73。

6　《論語·顏淵》，頁125。

企業領導者首要時時剋制自己，使自己的言行符合企業之「禮」即各項規章制度，並教育員工自覺做到「四個非」：非禮勿視、勿聽、勿言、勿動。就是說，凡事不符合國家法律、法規和企業相關規制的，均勿看、勿聽、勿說、更勿去做。其目的就是保障企業產品品質和服務品質，提高競爭制勝力。

世界上任何國家政府為了有效地治理國家，都制定出許多法令、法律、條例、制度，以維護國家之主權、社會之穩定、百姓之太平。這些屬於政府之職責。但僅用眾多刑律統治人民，不進行法律知識宣傳教育，只能使百姓產生畏懼、害怕心理，因為他們不學法、不懂法，是法盲。只能暫時避免犯罪，但不知道犯罪是可恥的行為。現實生活中，有些人觸犯了國家法律，坐牢或判死罪，他們悔恨當初不學法，不知法，導致犯法，給國家社會製造動亂，給自己的家庭父母、妻子兒女帶來無窮的傷痛。

所以，孔子主張用道德教化百姓，感化民心，使百姓知道如何做人？也如何修身？如何正心。明白善與惡，好與壞，是與非……即使犯了錯，就會有羞恥之心，並且能格去（糾正）錯誤。偉大的孔夫子2500 多年前之論述，對現今社會具有非常大的指導意義，這關乎國家社會之穩定，民心之純淨，民風之和順焉！

企業是社會的一員，員工是百姓一分子。若全國所有企業員工都能知法、守法、護法、遵法，就會給整個城市社區帶來和諧安定，也就會給企業經營創造一個良好的內部環境，就會使企業和諧穩定、欣

欣向榮也。正如孔子所言：「上好禮，則民易使也。」[7]

這裏並不是說企業不要制定各項規章制度。相反，企業為了經營順暢，競爭制勝，必須制定相關制度、規章，並大力向員工灌輸、宣傳，使員工明白如何做個好員工？如何做正確的事？如何正確地做事？即使犯了錯誤，也能自覺「格」去，認真去改正焉。

企業管理既要體現「以和為貴」，又不能「為和而和」。孔子的學生有子曰：「禮之用，和為貴，先王之道，斯為美，小大由之。有所不行，知和而和，不以禮節之，亦不可行也。」[8]和：恰到好處，適中，「不過亦不及」。斯：這，指禮、和。節：限制、區別。

有子：又名有若，少孔子 43 歲，貌似孔子。孔子既沒，弟子思慕，弟子相與立為師，師之如夫子時也。有子之意是說：禮的用處，貴在處理任何事情有依據，且能做到不過亦不及，恰到好處。先王堯、舜、禹明君治理國家，處理政事，都很好地用禮。無論大事小事，他們都能用禮來衡量，是百姓知禮，並自覺遵守各種法度，做人做事不逾矩也。對於不受禮法之人，必須以禮節之，不能為了和氣而一味的求得恰當，對於不好的事情，不用制定的禮來約束，也是行不通的。

企業必須有各種制度規章即「禮」，約束企業所有員工的道德行為、工作標準，以確保公司經營目標的實現。

7　《論語·憲問》，頁 165。
8　《論語·學而》，頁 6。

第一，品質體系檔：企業要依據國家政府技術監督部門的規定，制定品質體系檔和各種程序檔，作為公司產品實現的法規。無論是國有大企業還是民營中小企業，只要有產品和服務，度必須制定品質體系檔。，

第二，產品標準和檢驗規程：依據國家相關規定，制定企業各型產品品質標準和檢驗制度，這關乎企業的生死存亡。河北省石家莊的三鹿奶粉添加三聚氰胺，為此董事長被判無期徒刑，企業破產。

第三，企業人事管理制度：選對人才能做對事。「舉直錯諸枉，能使枉者直。」企業興衰成敗的關鍵，是甄選各種人才，尤其是董事會、總經理及其團隊成員，這是企業的核心競爭力。

第四，薪酬激勵制度：這是體現企業領導者以人為本理念的最重要內容。尤其是民營企業的投資人，必須妥善理順企業內部薪酬分配之關係。後文將有論述。

第五，行銷制度：目前有所謂「紅海與藍海」戰略之說，其實說到底就是企業領導者抓好產品品質和服務品質，讓顧客回頭，就會帶來公司效益。在「紅海」裏面注意找「藍海」，在「藍海」裏面也可能會出現「紅海」，二者不是絕對的。

第六，國際市場操作規程：研究 WTO 遊戲規則和世界主要國家貿易管理相關規定，精細制定企業國際市場操作規程。做到「多聞闕疑，慎言其餘」，「疑思問」，「視思明，聽思聰……」避免「輪胎特保案」重演。

企業無論大與小，都必須制定上述相關規章制度，用制度教化員工，宣傳員工，使員工「齊之以禮，有恥且格」。

遵守「禮節」，企業領導者必須帶頭，正人者需先正己也。己之不正，何以正他人焉？「子帥以正，孰敢不正？」已之正，不令而行也！

有子之言，告誡我們，無論是國家政府，還是企業家庭，都必須用「禮」來管理政事、家事。尤其是企業，更需要制定相關的規章制度，來約束員工的道德，做事的行為。不能為和而和，一團和氣，良莠不分，是非不清，好壞不明，獎罰不中。那樣下去，企業肯定要出現危機矣。一個無「禮」的企業，必將會是一盤散沙，何談競爭力、執行力、制勝力？

三 嚴慈相濟

季康子問：「使民敬，忠以勸，如之何？」子曰：「臨之以莊，則敬；孝慈，則忠；舉善而教不能，則勸。」[9]季康子：魯國大夫，姓季孫，名肥，「康」是他的諡號。魯哀公時魯國最有權勢的人。敬：恭敬。勸：勸勉。如之何：怎麼辦。臨：對待。莊：恭敬、莊重、莊嚴。孝慈：孝敬父母，慈愛百姓。善：品德高尚。不能：能力低下。[10]

有一天，季康子問孔子：要使老百姓敬重，對國家盡忠，行善，

9　《論語・為政》，頁17。

10　《論語・為政》，頁17。

應當怎麼辦才好？孔子說：你只要對百姓態度莊重，百姓就會對你尊敬；你能孝敬父母，慈愛百姓，百姓就會對你忠心盡責；你能用品德高尚的人辦事，並且教育不善之人，百姓就聽你之言，就會互相勸勉了。

孔子之言，告誡季康子如何對待老百姓。當官的對百姓態度要莊重，「君子不重則不威」，；以身作則，孝敬父母，慈愛百姓；任用品德高上的人，「舉直錯諸枉，能使枉者直」。孔子這些教誨，無論是現代的政府官員，還是企業老總，都應認真領會，付諸實施。最根本的是對員工的態度既要莊重，更要慈愛。要親近員工，愛護員工。

對犯有過失的員工，以德感化，動之以情。做到耐心、誠懇，曉之以理，不發怒，不指責，不扣帽子，不打棍子，不泄私憤，不侮辱人格。即使要給予紀律處分，必須掌握「中」，不過頭，不傷自尊心，給犯過失者留有改正之機會。

只要企業領導者正確對待全體員工，包括犯錯誤者，使他們受到尊重，得到關懷，感到溫暖，企業領導者就會得到「民任矣」。這就是企業最大的競爭力和制勝力也。

以德感化員工，體現親仁與愛民，這是孔子及儒家教育思想與管理哲學的出發點和基本點。但是，現今社會複雜多變，如果只單純靠感化教育，是不完全的，必須建立一整套企業管理規章制度，來約束企業每一位員工的行為，使之規範，合乎「禮儀」，不逾矩。這是否會壓制員工的個性思維呢？不會的。相反，企業用制度規範員工的行為，保證他們的創造性思維得到充分的發揮，為員工提供施展才能的

舞臺。所以，企業規章制度不可或缺也。

企業制度建設模式，市場上似夏夜繁星，指不勝屈。各企業盡可參考之。但一定要擇其善者而用之，勿盲目照抄照搬，商學院裏的教材多是理論說教，不少似乎是悖論。所以，我認為企業規模不同，人數各異，應根據各自的特殊性，編制以實用為主的規章制度。

如品質體系檔，品質方針，主要部門品質控制程序檔。還有如人事制度、財務制度、銷售制度、融投資制度、獎懲制度等方面，均需有制度作保證。上文已有敘述，不再過多重複。

制度貴在執行！企業制定出再好的管理檔，不能束之高閣。一定要執行，要兌現。領導人首先要樹立制度意識，用制度去宣傳群眾，教育員工，使員工「齊之以禮，有恥且格」。這是增強企業競爭力的重要保證。

■ 薪酬激勵

企業競爭力源自於員工，尤其是高層決策團隊和中層執行團隊，應是企業的核心競爭力。如何調動團隊成員的積極性？措施是多方面的，如加強人生觀、價值觀的培養、修煉；加強企業現代管理知識培訓，選擇高校進修，組織赴國外參觀、進修學習。既要提高道德素質，亦要提高管理能力和管理藝術，這些都是不可或缺的。

企業決策管理團隊、中層執行團隊是公司員工的組成部分，且是公司極其重要的資源財富。可以說他們的工作好壞決定企業的成敗，

決定競爭力的優劣和勝負。所以如何制定高管團隊和中層執行團隊的利益薪酬,是企業非常重要的一項工作。

孔子曰:「富與貴,是人之所欲也;不以其道得之,不處也。貧與賤,人之所惡也;不以其道得之,不去也。」[11]

富:是指財富。其本意指完備,財產豐足,亦意為厚、多,與貧相對也。 貴:一般指地位,擔任要職,地位高貴、顯赫,當官尤其是大官,出人頭地。 對於財富,人之所欲,就是說世界上幾乎所有的人都喜歡財富,人之所欲。人人盼望過上好日子,不希望貧窮,這是孔子儒家的財富觀。人皆有父母,需孝敬瞻仰;有子女需培養,有兄弟需照顧。家庭要溫飽、進而小康。孔子期望建立這樣一個美好的社會:老者安之,少者懷之,朋友信之。這既是孔子之期望,也是幾千年來中國人的夢想與盼望。

所以,企業要把員工的物質需求、工資薪酬放在十分重要的位置上,切不可輕視、忽視員工的應得利益。

原思為之宰,與之粟九百,辭。子曰:「毋!以與爾鄰里鄉黨乎!」[12]

原思:姓原,名憲,字子思,孔子學生,當時在孔子家裏當總管。九百:即九百斗[13]。 鄰里鄉黨:中國古代以五家為鄰,二十五家為裏,一萬二千五百家為鄉,五百家為黨,常指居住地的鄉親,此指

11　《論語・里仁》,頁33。
12　《論語・雍也》,頁55。
13　斗是古代量器,直到20世紀50年代農村百仍用斗計量稻穀、麥黍。

原思家鄉的人。

孔子給原思九百斗粟，大概是原思的薪酬，原思推辭不要，孔子說：不要推辭了，拿回去吧，你家用不完可以分給鄰里鄉親們。可見，孔子對他的弟子（員工）非常關照、關心，故眾多弟子隨孔子周遊列國長達 13 年之久矣，期間受盡人間之苦難，斷糧，甚至於幾乎被壞人加害，孔子弟子們無有離開老師的。

孔子重視下層弟子之俸祿，積極宣導「泛愛眾而親仁。」現今社會到了 21 世紀，社會經濟快速發展，物價飛漲，百姓收入遠低於物價漲幅。中國政府對關乎民生之大計，非常關注。因此，企業領導人要認真研究員工薪酬之大事，關心員工之生存需求、贍養父母、培育子女、個人進步發展之需求，勞動力再生產之需求，以保障員工最起碼的物質資料和最普通的生活標準。簡言之，員工家庭父母妻子兒女們要有房子住，要有飯吃，要有衣服穿，孩子要培養上學讀書，以保證社會勞動力大軍後繼有人；進而要有交通工具等。這個最起碼的道理連一些資本主義國家的經濟學家如馬婁斯都進行了積極的探索，並提出了人的需求層次論理論。而今中國的一些縣級城市企業工人工資年薪只有 2 萬元左右，低得可憐矣。

企業發展要依靠員工，尤其是公司的骨幹層，企業對他們的薪酬一定要科學制定合理的分配方案，使他們應得之利益與工作崗位相匹配，相一致，盡力解決他們的後顧之憂。這就是以道得眾矣。

《大學》曰：「道眾則得國，失眾則失國。是故君子先慎乎德。有德此有人，有人此有土，有土此有財，有財此有用。德者，本也；

財者，末也。外本內末，爭民施奪。是故財聚則民散，財散則民聚。是故言悖而出者，亦悖而入；貨悖而入者，亦悖而出。」[14]

企業投資者不要視金錢如命，對員工吝嗇。我一直認為：掙錢靠大家，有錢大家花。公司財富靠全體員工創造，尤其是高層管理者，他們決策、謀劃公司發展大計，帶領員工拼搏奮進，為企業的經營操勞。高層人員用智慧創造出公司 80%的效益，所以，企業老闆無論如何不能虧待企業高管們。給他們高位，高祿，他們肯定會為企業作出巨大貢獻的。是謂財散人聚也。

至於各企業的薪酬設計方案，可根據各自特點設計，一般要分層操作。企業高層可實行年薪制，與業績掛鉤，考覈指標要易於操作，尤其是民營企業老闆，切勿苛求高管，勿刻薄高管，使人家無所適從。

案例：明光浩淼消防科技有限公司員工薪酬試行方案（民營企業）：

高管人員：

基本工資＋崗位津貼＋績效考覈＋身股

總經理年薪稅後 20 萬元，身股紅利：公司利潤 1%，約 23 萬元；

---

14 王國軒、張燕嬰、藍旭、萬麗華譯：《四書》（北京市：中華書局，2008 年 1 月）頁 112。

副總經理年薪 10 萬元，公司效益好，年終發獎金，3 萬至 5 萬元。有特殊貢獻者再給身股。

公司中層管理幹部：

基本工資＋崗位津貼＋工齡補助＋績效考覈＋年終獎金

平均每人年薪在 4 萬至 5 萬元左右。有特殊貢獻者另行獎勵。

銷售人員：

基本工資＋出差補助＋銷售業績＋工齡補助；主要是考覈業績，公司給基本價格，高出部分扣除稅金作業務員傭金，市場費用均由業務員自行承擔。一般業務員年薪所得均在 20 萬元以上。

一線生產車間工人：

基本工資＋工齡補助＋工時工資＋營養津貼（焊工、油漆工）。

一線工人年薪在 25000 元左右，最高收入也只有 4 萬元左右。

明光浩淼消防科技有限公司員工收入不均衡，高者是低者 15 倍，其中市場部業務員收入普遍多於生產工人；技術設計工程師年收入比生產工人高一倍多一點。占全廠員工總數 60%的一線工人，年收入只占全廠工資總額的 3.3%。

所以，提高生產一線工人收入，應是企業老闆必須積極策劃的一件大事。生產一線工人工資收入普遍偏低，這種現象恐怕不是少數企業。如果企業忽視大多數員工的收入，一定會影響到企業產品品質，

影響到公司的經營業績。

前文曾引孔子之教誨。子曰：「丘也聞有國有家者，不患寡而患不均，不患貧而患不安。蓋均無貧，和無寡，安無傾。」[15]

孔子之意是說：任何一個國家或一個大夫，不擔心財富少，就怕分配不均勻，多寡懸殊，產生不公。不怕貧困，就怕不安定。只要財富分配合理，基本均衡，就無所謂貧了。這樣，國家上下就會穩定，就不會產生傾覆之患也。

作為企業，亦需注意內部薪酬分配之公平，差距肯定要有，對於為企業作出特殊貢獻的高科技人才和優秀的管理人才，確實要給予重獎；但要積極提高一線工人低收入群體的薪酬。相應措施要制定，如設立品質獎，節約獎、文明安全獎、效率獎等，激勵一線工人的積極性，凡得獎者，不僅要給予精神鼓勵，害要頒發獎金，讓優秀工人得到實惠矣。

企業要留住人才，應採取多種措施。其中，特別要制定合理的薪酬分配製度，注意公平。企業老闆真正做到不吝嗇，本著「掙錢靠大家，有錢大家花」的經營理念，只要「財散」，就一定會實現「人聚」矣。近者悅，遠者來也。來者賢多，賢者智多，計多策多，企業就會無往而不勝也。

四 禮與文化

---

15 《論語‧季氏》，頁179。

「禮」是企業文化的重要組成部分，制度體現「禮」。「禮」的核心是「和」，「和」亦應是企業文化之重要內容。曾子所言「禮之用，和為貴」，也就是說，企業制定各種「禮」即規章制度，其出發點和目的是為了實現企業之和諧，人心之愉悅，經營之順暢，公司之穩定。這應是企業文化即「禮」的真正內涵，也是企業領導者必須十分關注的影響重要工作。企業制定的各種制度，制度就是道理，道理就必須向員工講明宣傳灌輸，使其深入人心，讓員工明白道理是符合「禮」節，法度、規章的，不能逾越違反。否則，就會違背公司的整體利益，就會影響企業之和諧，嚴重違反制度就會給企業帶來一定的損失。

所以，企業經營過程必須用「禮」節之，必須以制度管之、控之。事事依制度辦理，就不會逾矩也。一個優秀的企業肯定有一套好的制度，好的制度就是企業好的文化。制度與文化實際上是「本」與「表」之關係，文化是企業之本，制度是企業文化之表象也。若無表象，「本」亦無法顯現焉。

本章小結

本章共 4 節。第 1 節主要論述企業管理要建立規章制度，對員工要「齊之以禮」，使得員工知道「有恥且格」。第 2 節主要論述領導者對員工要做到嚴慈相濟，多用仁德教化員工，使員工感到領導親切，自覺為企業發展作貢獻。 第 3 節主要論述企業領導者關心員工，要體現在薪酬方面。要樹立「財散人聚」之理念，切實讓員工得到實惠。 第 4 節主要論述企業制度與企業文化之關係，文化是本，

制度是表，企業抓好制度建設，就是在進行企業的文化建設。文化是企業競爭力的重要內容，是企業在國際、國內競爭制勝的重要法寶。

此外，企業領導者還必須十分重視企業之品牌建設。

第九章

品牌制勝

■ 品牌制勝

孔子曰：「質勝文則野，文勝質則史，文質彬彬，然後君子。」[1]

質：事物內在之本質，實質之內容。 文：指事物表面之華美、華麗，外觀好看，此指形式。 野：粗野，指物體表面鄙陋、簡單、粗糙。彬彬：一般指人有禮貌的樣子，斯文，不粗俗，不下流。此指某物體（產品）品質配比合理適當。

孔子之意是說：做人不能不懂禮，粗俗鄙陋，亦不能華而不實，文過飾非。品質和文采需配合適當，這樣才能稱之為君子。

做人既要有質，又要有文，才能叫做文質彬彬。這是做人的品質，人格魅力，這樣的人就會受到他人的尊敬。文質彬彬的君子就是善者之品牌，口碑好，眾人稱讚，以至於仰慕，敬重，朋友遍天下矣。

品質既含事物之內在品質，也含外觀之品質。就商品而言，它包含價值和使用價值。價值是商品的根本屬性，也就是某商品的特殊性質。使用價值是指商品的功能，滿足消費者的需要。所以，企業生產商品，既具有價值，也具有實用價值。馬克思將此稱為商品的二重屬性。

商品的價值和使用價值決定商品的品牌。品質決定品牌，優質品

---

1 《論語・雍也》，頁60。

牌是企業在市場競爭中求得生存與發展的重要保證，也是一個國家提升國際競爭力的根本條件。只有優質品牌的商品，才能在競爭中獲得顧客之青睞，戰勝競爭對手，取得競爭制勝，並且能為企業創造高附加值，增加公司之效益，這就是企業一定要樹立品牌意識之道理焉。

中國上海有個恒源祥毛紡企業，該企業領導者非常重視品牌經營。通過經營品牌，他們在上游發展了 100 多家企業加盟，在下游拓展了 9000 多家經營連鎖網點，從而形成了以恒源祥品牌為龍頭的經營聯合體，2010 年商品銷售額達 50 多億元人民幣。

品質決定品牌。一個優質品牌要經過長期艱苦的培育，才能逐漸形成。從表面上看，品牌是企業的視窗，展示企業的形象；而實際上是企業通過自主創新，研發出優質產品，長時間能獲得市場和用戶認可，才能形成品牌效應的。

創辦企業之目的，是獲取好的效益。而好的效益是公司運營過程有效控制的結果。只有進行過程有效控制，才能製造出優質的產品，而質憂之產品才能為公司創造出優質品牌，這是企業競爭取勝的基本保障。而企業優質品牌，具有非常豐富的內涵，凝聚著企業全體員工智慧的結晶，體現一個企業文化價值的內涵。所以，品牌就是企業員工品質與企業文化的結晶。

現今世界範圍內貿易之競爭，與商品的品牌有很大的關係。僅就中國人消費汽車來說，首選是歐洲的奔馳、日本的豐田等名牌產品。人們之所以看中奔馳、寶馬、豐田等車，因為這些車的使用價值令顧客滿意，乘坐安全、舒適，給顧客帶來愉悅和享受。

☰ 切磋琢磨

品牌培育的過程，就是提升企業競爭力的過程。企業領導者要付出巨大的努力，才能實現。商品品牌是企業領導者和員工用智慧共同創造的，是長期切磋琢磨的結果，更是企業文化品質的體現。

子貢曰：「《詩》云：『如切如磋，如琢如磨。』其斯之謂與？」子曰：「賜也，始可與言《詩》已矣，告諸往而知未來者。」[2] 切：指用刀切斷；磋：指用銼刀銼平；琢：指用刀雕刻；磨：用物磨光。

子貢引用《詩經》裏兩句，其意是講古代人加工象牙玉石的工序過程，

非常仔細。這是比喻人的修養要像加工象牙玉石一樣，多次自省，才能達到「仁」的高度。而企業之優秀品牌，就是「仁」者之形象也。

當今世界經濟競爭，大都與產品或與服務有關。產品品質是競爭取勝的根本保證。無論是做國內生意或是做國際貿易，都是圍繞商品進行商務談判的。商品品質決定該商品的價值和使用價值，關乎顧客的滿意和市場的需求。而價值和使用價值又決定該商品的價格，優質才有可能售出高價。

美國的芭比娃娃依託中國的廉價勞動力，在中國加工生產，每一

2　《論語·學而》，頁8。

隻加工費只有 0.9 美元，而由美國經銷商轉手賣到美國市場，每隻價格是 9 美元，「中國製造」就成了血汗工廠，中國工人靠出賣自己的汗水掙得微薄之辛苦費，而美國企業靠品牌創造財富。這個案例充分說明：中國企業家們必須盡快提高品牌意識，增強品牌經營能力。否則，只能靠出賣廉價勞動力，低價成本、廉價的礦產資源掙得少量財富，而外國資本家卻靠品牌發大財。

中國是世界文明古國之一，早在 1000 多年前，中國人有四大發明。到了明朝末年清朝初年，出現了大彬紫砂，黃應光的刻板、張鳴奇的手爐等名牌產品，行銷海外，實乃稀世珍寶，至今仍為國外人所收藏。但遺憾的是，中國人自古至今，眾多企業家品牌意識淡薄，未能有效地申請智慧財產權保護，嚴重影響民族工業的發展。雖然早在 1800 年中國的國民生產總值（GDP）占世界的 30%左右，是世界第一經濟大國，為什麼工業革命沒有發生在中國？有一位外國學者研究認為：中國歷史上缺乏無形資產的觀念，對科學技術形成的智慧財產權或無形資產認識不足或基本無所謂矣，致使中國人的品牌意識要比外國落後近 200 年。舊中國年代，世界 100 名品牌產品中，沒有一件是中國生產的。

外國人早在資本主義萌芽的初期，就十分重視蒸汽機、紡織機的發明創造和保護，使得資本主義生產方式得到快速發展，提高了生產效率，增加了利益，那些資本家們嘗到了甜頭，不斷地通過發明創新，創造出更多的名牌產品，藉以向海外擴張市場，尋找更多的利潤。

對於現代企業來說，單純生產產品，是製造商品價值，是出賣勞動力的低價汗水。而經營商品品牌，是賣企業文化、公司創意等高附加值。如果假設有形產品價值為 1，無形品牌經營為 nnnnn……，1＋nnnn……之後，銷售所得的價值就會產生 n 個 1，肯定大於 1 的附加值。所以，中國當代的企業家們必須認識到品牌創造財富的價值。

　　企業如何確保產品質優？這是企業領導者必須認真策劃的大事情。故而重溫古之先賢之教誨，認真領會「如切如磋，如琢如磨」之要意，研究產品實現過程之工藝，控制各道工序之品質，選對人去正確地做事。

　　企業的品質方針，是指導企業控制產品品質的指導綱領，是企業品質體系的重要組成部分。早在 2001 年，我曾為明光消防器材廠（即現在的浩淼消防科技發展有限公司）制定過品質方針：

　　品質是金，管理精細增效益。顧客第一，依靠科技創品牌。

　　共 21 個字，其主要有幾層含義：

　　企業要把品質看成像金子一樣貴重。金子是世界各國財富的象徵，企業要想獲得財富，就必須像重視黃金一樣重視品質工作；

　　企業要獲得效益，就必須抓好全面品質管制。管理又必須精細，要十分注意產品實現過程的各個環節。某種情況下，細節藏在過程之中，細節決定成敗，是有依據的，因為魔鬼往往躲藏在細節之中。所以，戰略管理專家林正大先生曾經說過：管理，就是做好無數小的細節工作。

企業始終要把顧客放在第一位。顧客是企業的衣食父母，此話一點也不誇張。中國在 20 世紀 90 年代之前，國家實行的是計劃經濟，物質資料包含百姓的生活資料，都是由政府計劃供應和分配的，幾乎所有商品都要憑票而且需排隊購買。那時是賣方市場。後來，隨著中國改革開放政策的實施，計劃經濟被逐漸取消。到了上世紀 90 年代中期，隨著國內經濟的發展，物質資料逐漸豐富了，所以商品憑票購買的計劃體制被徹底否定了，逐步形成了買方市場。諸多商品由顧客選擇購買。所以，強調企業要把顧客滿意作為關注之焦點。

第四 ，企業要參與競爭，必須有優質商品作保證。而優質商品要以科學技術作先導。企業只有加強科技研發投入，才能創造出名牌產品。這就是企業家推崇的名牌戰略。

企業制定品質方針，要有高度的概括性，體現一個企業領導者對國際品質體系標準的理解。品質方針要能體現企業領導是否以顧客滿意為關注焦點，是否體現企業管理之理念。所以，現代企業領導者制定企業品質方針時，要具有競爭制勝的理念。

企業制定了好的品質方針，還必須編制系列程序檔，作為對品質體系檔的支持和充實。這項工作也是不可或缺的。所以，企業要成立一個品質體系檔編制班子，負責起草體系檔，經批准後認真宣傳徹檔、實施檔，以確保企業品質體系有效運行，使公司產品實現過程得到有效的控制，產品品質得到有效的保證，在激烈的競爭中實現品牌制勝戰略！

📖 精細制勝

上文子貢引《詩經》名句，本意強調君子修養要向加工象牙玉石一樣，如切如磋，如琢如磨，一絲不苟，修身正心，立己立人，對於己之短處要敢於切磋琢磨，不放過自己的缺點錯誤。只要能做到古人先哲之要求，君子就會成為仁者也。

企業是從事產品生產和銷售或服務的組織。產品品質優劣全由公司員工品質優劣所決定，高品質的員工只要一上崗，就會一絲不苟，精益求精，認真做好每件工序。所以，優質產品是品質好、責任心強的員工辛勤地切磋琢磨，加工做出來的。企業相關管理者還要對各道工序有效控制，避免出次品、廢品。企業要積極宣導「一次做對」的理念，避免或減少工時浪費和材料浪費。

日本的豐田汽車公司創始人非常重視企業生產流程精細化管理。他們科學地設計出管理模式，強調扁平化組織勾結，平準化生產方式。整個生產過程非常之有序，產品品質得以保證。所以，日本的豐田車跑遍全世界，一度擊敗了美國的通用、福特等大公司，引起了美國資本家的嫉妒，近幾年對日本豐田汽車公司進行了調查與制裁。

產品生產加工要有標準。依據標準進行設計，明確做什麼。產品規格型號要具體，技術參數要精準，所用材料要明細，加工手段要先進，工藝流程要詳細，工序工位設置要合理，生產加工工時要精確……所有這些內容都是不可或缺的，都關乎到產品實現整個控制過程的完整性，關乎到品牌戰略的實現，更關乎企業生存競爭的制勝。

企業要想創造名牌產品，就要效法老一代科技工作者嚴謹的科學態度和一絲不苟的工作作風，這方面的例子非常之多矣，尤其是國家尖端武器的研製過程，就連一根頭髮絲都不能忽略不計也，否則會釀成大的事故。中國科技界火箭專家鄧稼先在研製火箭過程中，那種一絲不苟的嚴謹作風，實在令人難以忘懷矣。近日央視播出一套《五星紅旗迎風飄揚》電視劇，我是每集必看也，看完心情久久不能平靜。20 世紀 50 年代至 80 年代，中國以錢學森為代表的老一輩科學家們，完全置個人榮辱安危於不顧，為中華民族之發展，孜孜以求，那種精神境界是何等的偉大呀！他們在條件十分艱苦的環境下，堅持自力更生，奮發圖強，先後研製出原子彈、氫彈和人造衛星，使資本帝國主義國家的總統們為之震撼。隨之，中國恢復了在聯合國的合法席位，從此，中國人被外國欺辱的歷史宣告結束了。

四 品質制勝

世界資本帝國主義聯手對中國進行經濟制裁，企圖搞垮中國。中國的經濟建設形勢大好但也如履薄冰，故切不可掉以輕心。國人尤其是企業領導人要研究應對挑戰之策。首先，必須抓好產品實現的全過程，確保產品的價值和使用價值，照這樣做才能對得起消費者，使顧客滿意。這就是以質制勝也！

子貢問為仁。子曰：「工欲善其事，必先利其器。居是邦也，事其大夫之賢者。」[3]利：使鋒利。

3　《論語·衛靈公》，頁 170。

子貢問如何才能達到仁？孔子打個比方說：工匠要想做好它的活兒，必定先要把他的工具磨鋒利了，才能把事情做好。我們生活在這個國家，就要為這個國家的賢大夫們把事情做好。

孔子教育子貢如何為仁，其實企業做產品更需如此。要想把產品做好，「善其事」，必先磨煉員工之品質，訓練他們之技藝，使員工掌握鋒利的加工器具，就會「善其事」也。這裏不僅是加工產品，更重要的是磨煉人之思想道德修養也。

我們國家的一些做國際貿易的人士，面對極其狡猾的競爭對手，欲戰而勝之，工欲善其事，必先把自己的工具磨鋒利，不怕對手再狡猾，自己有鋒利的工具亦能獲得成功。

孔子所言工匠之工具，是給子貢打個比方。其含義是指人的修養，就像工匠使用的工具一樣，要非常之鋒利，能識別真偽，辨別好壞，明辨是非。這實際上是講仁者要具有非常高的智力，鬥智鬥勇，方能取勝也。

無論是政府官員還是企業領導者，要想把工作做好，善其所做之事，對得起政府和民眾，就要努力提高自身的道德修養，尤其是提高自身的智力水準。政府和企業要制定品牌發展戰略，盡早擺脫「製造大國，品牌小國」的落後局面。加大高端項目研發投入，大力推進自主創新和專利申請，獲得智慧財產權，逐漸形成具有世界智慧財產權的一批優質產品，真正把「中國製造」改變成「中國創造」。

五 專利技術制勝

美國四大糧倉之一——孟山都種子公司，採取欺騙之伎倆，把中國抗基因優質大豆種子弄到手之後，經過破譯抗基因原理，先後在世界 104 個國家和地區包括中國在內，都申請註冊了專利，從而獲得了經營大豆的壟斷權。從這裏完全可以看出企業獲得技術專利之重要。企業科技人員潛心研究新技術、新材料、新工藝，付出了大量的心血，耗費了巨大的腦力和體力，有的科研人員甚至於獻出了寶貴的生命。所以，企業的領導者們一定要樹立專利技術所形成的無形資產的強烈意識，珍惜研究人員的辛勤勞動成果，及時組織技術專利申報工作，一旦獲得了專利權，企業的利益也就會得到國家政府的保護。

積極研發新的高端產品專利技術，有利於企業創造公司品牌。在快速獲得專利技術之後，盡快轉化成產品，使科技人員的辛勤勞動成果經過物化勞動之後，轉化成產品，實現多種價值。既為企業增加效益，也為社會吸納勞動就業人員，更向政府依法納稅，

企業研發的高端新技術產品，只要申請專利註冊，獲得智慧財產權專利證書，就可在 10 至 15 年時間內，受到知識專利權的保護。這對企業的發展是非常有利的。

前文談到美國的四大糧倉之一——孟山都種子公司，採用極為卑劣的手段，把中國農科院農業專家門潛心研究培育出來的優質大豆種子騙到手之後，回到美國，迅速採取高科技對中國人大豆種子進行基因分析，得出資料結論後，在世界 60 多個國家包括中國申請註冊了專利。中國人自己研製出來的優質大豆種子卻被美國人給搶注了專利，而中國的農業科學家們的辛勤科研成果就這樣付之東流了，可惜

哉！

　　這個案例充分說明，在世界經濟激烈競爭的時代，每個國家政府和每個企業都必須十分重視專利技術的申報，而且要做好保密工作，以防不測。一旦獲得了技術專利，就會受到智慧財產權的保護。正如2500多年前偉大的孔子所言：「君子不爭，⋯⋯其爭也君子。」中國是禮義之邦，處人做事均已「禮」為先，但是，「禮」是對朋友、對好人而言，對那些居心叵測的傢伙卻不能盲目施「禮」，只能「以直報怨」焉。

　　企業要制定科技成果獎勵政策，為科研人員提供良好的工作、實驗環境，安排好他們的生活。鼓勵科技人才用心繼承，大膽探索，大膽假設，大膽幻想。一些新的科學技術往往是由科學家先提出假設，而後論證，其間要經過多次的失敗。這時領導者一定要積極支持、鼓勵，杜絕潑冷水，以滿腔熱情關心科技工作者，使他們的心理壓力減負，繼續實踐。中國的「兩彈一星」上天，其間周恩來總理，聶榮臻元帥多次給予參加研製試驗的科學家們熱情的鼓勵和支持。

　　中國政府制定了許多鼓勵技術創新的政策法規，保護智慧財產權，使企業研發創新受到國家的保護。國內一些企業尤其是民營企業加大研發創新投入，湧現出一大批新技術專利成果，並產生一批自主品牌。。

　　汽車工業是國民經濟的支柱產業，中國的汽車行業自主品牌逐年增長。據有關部門統計，2010年中國自主品牌乘用車銷售達627.3萬輛，占國內乘用車銷售市場的45.6%，市場份額同比2009年提高1.5

個百分點。轎車銷售達 949.43 萬輛，其中自主民族品牌轎車銷售
293.3 萬輛，占國內轎車市場的 30.9%，市場份額同比提高 1 個百分
點，比排名第二的日本系列轎車高出 8 個百分點。另外，截至 2010
年底，國家發改委、工信部、財政部公佈 4 批節能汽車推廣目錄，共
有 37 家企業 272 個車型列入節能汽車目錄。2010 年共生產節能汽車
168.07 萬輛，均是自主品牌。

自主品牌和專利技術是伴生的。民營企業尤其須重視專利技術的
申報，並盡快轉化為產品。

案例（1）：

中國中興通訊公司用核心專利提升核心競爭力，從而在技術高度
密集的電信行業領域裏，經過艱苦的努力，終於贏得了話語權和優先
發展權。該公司申請的國際專利（PCT）在全球同行業中居第二位，
在通訊行業位居第一。

目前，中興通訊在高端技術創新方面，已進入全球一流企業行
列。他們在國內獲得專利 33000 多項，其中 90%以上為發明專利，
6000 多項為國際專利。在全球先後建立了 15 個研發中心，28000 多
名研發人員，年度投入研發經費 70 多億元。每年公司收入的 10%作
為研發經費，最近 4 年研發經費將達到億元。

2010 年，中興公司獲得了國家專利局頒發的兩項專利金獎，成
為中國近 30 年來發展專利戰略的第一家同時獲得兩項金獎的企業。

案例（2）

安徽省明光浩淼消防科技發展有限公司是一個家族式的民營中小型科技企業，該企業早在 2001 年起，充分發揮技術人員的積極性，先後申報了 30 多項專利技術並獲得了專利權證書，其中還獲得 3 項發明專利。現摘錄幾項如下表：

專利名稱	專利號	專利權人
無線遙控車排檔機構	ZL 2005 200702034	倪世和【童道林】
無人駕駛車執行裝置	ZL 00 2 21994・8	倪世和倪軍【童道林】陸啟文
消防泡沫液攪動器	ZL 2005 2013 9526・4	劉玉身　倪軍
渦噴發動機啟動裝置	ZL 2009 20186551・6	明光浩淼公司
車載細水霧裝置	ZL 2008 2 0161872・6	明光浩淼公司
消防車載細水霧	ZL2006 1 0096834・2	倪世和　石年仁排煙裝置
車載冷氣溶膠滅火裝置	ZL 2008 20161870・7	明光浩淼公司

這家民營企業非常重視技術創新投入，僅在「十一五」期間，在資金非常困難的情況下，每年資金預算研發經費安排約占公司銷售收入的 10%以上。5 年裏支付專家薪酬經費如下：

年份	科研資金（萬元）
2006	186
2007	199
2008	216
2009	297
2010	250

（以上投入僅為專家薪酬，不包含新產品試制、實驗費用。）

該企業聘請了國內消防行業知名專家，組成技術顧問智囊團，指導企業瞄準市場之需求，提出積極意見和建議，幫助企業立項，審查專案文稿，論證設計方案，驗證設計技術資料。所以這個地處皖東貧困地區縣城的中小型家族民營企業，經過「十一五」期間的拼搏，目前已進入國內消防車行業的前六位。這個企業自主研發的消防機器人，填補國內空白，受到公安武警及消防部隊、石油化工、機場港口等單位的廣泛使用，極大地提高了滅火救援效率，保護了消防官兵的人身安全。

　　上文論及中興科技公司大力發展專利專案，提升企業競爭力的做法，值得國人尤其是企業領導者們學習。結合該公司全球智慧財產權總監郭小明先生總結中興成功經驗，他得出如下四點：

　　第一，必須認真分析本企業在同行業所處的位置，競爭的環境，因為各行業具有自身的特點，對智慧財產權的需求是不盡相同的，由此差異的，智慧財產權的競爭也不盡相同。

　　第二，企業領導者一定要認真學習和遵循智慧財產權的遊戲規則，在遊戲規則範圍內申請專利權保護。

　　第三，企業領導者必須高度重視智慧財產權，制定智慧財產權發展戰略規劃，企業內須有懂得智慧財產權法律法規的專門人才，專管本企業智慧財產權的維護工作，防止他人侵權。

　　第四，企業領導者要充分認識智慧財產權的回報時間一般比較長，避免短視思想和急功近利。一項新技術成果要轉化為產品，往往

須經過相當長的時間才能實現。

另外,在企業智慧財產權專利未能轉化為產品之前,企業領導者要鼓勵研發技術人員不斷創新,遵從孔子之教誨:做到子絕四:「毋意,毋必,毋固,毋我。」即使只是專利專案未轉化成新的產品,該給予獎勵的專利項目仍需執行兌現,企業領導者——君子們要言必信,信必果也。只有這樣做,企業亦才能不斷提升創新力也。

本章小結

本章共 4 節,論述企業品牌戰略制勝。第 1 節論述企業要科學制定品質方針,用以指導創造品牌,遵循古之聖賢之教誨,在產品實現過程中,如切如磋,如琢如磨,注意細節。第 2 節進一步論述企業要制定明確的品質方針,加強精細管理,以高品質的產品贏得顧客之滿意。 第 3 節論述企業應遵循孔子之教誨:「工欲善其事,必先利其器。」積極提高工人素質,提高工人製造工藝水準,依據產品標準,控制生產製造工藝流程,打造精品。 第 4 節論述企業必須加強技術專利意識,用專利獲得的智慧財產權保護企業競爭制勝。

第十章

創造力制勝

子絕四

「子絕四：毋意，毋必，毋固，毋我。」[1]

毋：無。意：億。毋意：不億。意：私意也。 我：私己也。必：期必也。毋必：不信。毋意毋必：不億不信也。孔子任魯國司寇，斷案時，「屯屯與眾共之，不敢自專。此毋我之意也。……不意不信，是謂毋意。言不信，信必果，硜硜然小人哉，是謂毋必。疾固也，是謂毋固。」[2]

孔子是中國古代偉大的思想家、教育家、哲學家。他的言行包含極其深刻的哲理。「子絕四」，是說孔子不存在四種毛病，即不憑空胡亂猜測，不添加個人之私意；對問題從不絕對肯定或否定，不輕易下結論；討論問題不固執己見，不把己之意見強加於他人，處處謙虛謹慎，不唯我獨尊。這就是古之聖賢之人品也。

孔子之「絕四」，亦可理解為孔子看問題，做事情不隨意猜測，不主觀武斷，尊重他人。正確處理人際關係，做到既有我，也無我矣。思想不固執，不守舊，不斷聽取他人之意見，虛心向別人學習，「三人行必有我師也。」這種「毋意，毋必，毋固，毋我」之崇高思想，是古代先哲創新之理論。創新必須變革保守、自私之觀念，克服故步自封，妄尊自大之弊病，善於猜度，即善於思考，推測事物之規律。

1　程昌明譯注：《論語・子罕》，頁88。
2　程樹德：《論語集釋》（北京市：北京市：中華書局），頁574。

（唐以前古訓）皇疏或問曰：「孔子或拒儒悲，或天生德於予……。吾謂無任意即是無專必也，無固行即是無有己身也。」[3]

現代企業之領導者，需謹記孔子之教誨，遵循「子絕四」之理念，在經營管理過程中，毋隨意猜度，毋胡亂推測，毋固執己見，毋故步自封。否則，就是思維僵化也。所以，企業家應積極探索實踐，求新求變。不斷學習，積極創新，促進企業日新月異地向前發展矣。

■ 知識與創新

知識是創新的基礎。無論是朝代更替制度革新，還是科學技術高端產品創新或是戰略管理創新，都離不開知識。

何謂知識彝知識是前人勞動技能的積纍，創新的總結。知識用文字記錄整理之後，就形成書籍文獻，為後人學習借鑒之用。

創新與人的大腦思維活動關係非常密切。「思維活動依賴於知識與能力這兩個內在要素的相互作用。知識在思維活動中相對穩定，是思維活動的基礎、材料和結果。」[4]徐教授這裏明確論述了知識是思維活動的基礎，也就是說，人的思維活動是建立在知識的基礎上的。一般地說，知識積纍越多，思維越發達；假想越豐富，創新越有成效

知識是靠學習獲得的。孔子曰：「我非生而知之者，好古，敏以求之者也。」[5]孔子之意是說：我並非出生下來就有知識的，是我非

3　程樹德：《論語集釋》（北京市：北京市：中華書局），頁 574-575。

4　徐斌：《創新頭腦風暴》（北京市：人民郵電出版社，2010 年 5 月），頁 4。

5　《論語‧述而》，頁 71。

常喜愛古代之文化，勤奮好學，思維敏捷，求得了知識。

正如孔子又言：「生而知之者，上也；學而知之者，次也；困而學知者，又其次也；困而不學，民斯為下矣。」[6]

孔子之意是說：人生下來就知道事理的，是上等；經過學習，接受教育才知道事理的，是次一等的人；經歷了困境，知道了學習之重要，再學習的人，是再次一等的；經歷了困境仍然不學習的人，是最下等的人了。生而知之者，天才也；世界上絕大多數人是學而知之者，從一十有五而志於學，獲得了相當的知識，才能到三十而立也；掌握了知識，到了四十亦才能不惑也；有些人平時不學習，一旦遇到困境，才知道知識重要，才開始學習，這樣的人雖然亦能存活下去，但一定是生活得非常之艱辛；還有的人雖然經歷了困境，仍不學習知識，稀裏糊塗的混日子，毫無建樹，這種人就是所謂下等人了。

《論語》開篇孔子曰：「學而時習之，不亦說乎！有朋自遠方來，不亦樂乎！人不知而不慍，不亦君子乎！」[7]

孔子強調說：學習要掌握好一個時字，一個人自少年始，就要立志學習，一生都要堅持學習，做到不恥下問，請教老農，請教老圃，三人行必有我師……。只有通過學習獲得了知識，才是最愉悅的事情。

孔子門人子夏曰：「博學而篤志，切問而近思，仁在其中

---

6 《論語‧季氏》，頁 184。
7 《論語‧學而》，頁 1。

矣。」[8]子夏之意是說：要廣泛地學習各種知識，博採眾長，就能堅定自己的志向，對於不懂的疑難問題能懇切地提出來，並能聯繫當前實際進行思考，仁也就在其中了。孔子最得意的學生—顏回，由於家境貧困，簞食瓢飲，居陋巷，人不堪其憂，而回也不改其樂，因而顏迴學得的知識能夠「聞一知十也」。「語之而不惰者，其回也與。」[9]孔子說：能夠專心聽我講授知識的，大概只有顏回了。

孔子曰：「吾與回言終日，不違，如愚。退而省其私，亦足以發，回也不愚。」[10]孔子之意是說：顏回每天聽我講課，非常用心，在課堂上他從未提出過問題，好像很愚笨。下課以後，他和別人交談，發現他對我講的內容卻能很好地發揮，可見顏回他並不愚笨呀。顏迴學則專也、思也、敏也！

▤ 子絕四與戰略新產業

前文所述孔子之「絕四」，可視為思維創新之理論。毋固：是告誡人們思想不能僵化，不能故步自封。要積極地創新思維，尤其是當今世界競爭之慘烈，發達國家科學技術發展之快，令中國的企業領導者壓力倍增。所以，我們要以孔子絕四「毋意，毋必，毋固，毋我」為指導，積極研究並制定戰略創新產業的規劃，梳理戰略性新興產業發展思路、原則和目標，制定實施步驟，明確先後順序，抓好資源配置，尤其是科技人才資源和財力資源的投入計劃安排。

8　《論語・子張》，頁 209。

9　《論語・子罕》，頁 95。

10　《論語・為政》，頁 13。

戰略新興產業目前正在成為世界各國新一輪經濟發展的目標。美國奧巴馬政府決定，在今後 10 年內將投入 1500 億美元，重點發展新能源、寬頻網路、生物工程產業，繼續保持航空產業的國際領先地位；歐盟計劃在未來 2013 年前，投資 1050 億歐元，積極開發綠色經濟；日本則重點發展環境新能源及健康產業，他們計劃到 2020 年創造 100 萬億日元的新興資產。

中國在 2009 年國務院確定了發展 7 個新型產業的計劃目標：信息技術、生物技術、高端裝備製造業、新能源、新材料、新能源汽車、新醫療器械等。27 個省市也積極制定發展新興產業的計劃，19 個省市提出發展新能源產業，17 個省市提出發展節能環保新材料，16 個市省提出發展發展生物醫藥產業，12 個省市發展電子信息網路產業，7 個省市發展新能源汽車產業。

積極發展新興產業，以應對國際競爭。但是，必須理順新興產業專案實施順序，且不能一哄而起，重複布點，重複投資，造成發展的盲目性，認真吸取上世紀 50 年代末大躍進的教訓，全民大煉鋼鐵，給國家造成了巨大的經濟損失。

所以，國家和企業都必須積極開展新興產業的戰略研究，需十分重視智慧財產權的保護，規避風險，才能競爭制勝。

20 世紀 60 年代，美國利用液晶技術研發出能夠掛在牆上的液晶顯示幕（LED），但是當時美國人並不知道液晶顯示幕的市場前景，把研究成果封閉在實驗室裏。直到 1973 年，日本人研究了液晶顯示幕的市場需求前景，精工、夏普、等日本企業相繼生產出數字 LCD

手錶、LCD 計算器、LCD 微型液晶彩色電視，並先後攻破了生產設備、新材料、新工藝等系列難題，從而形成了上下游產業鏈，很快實現了液晶技術產業化，推動了世界液晶技術的進步。與此同時，日本人將上述新型產業技術申請了專利。到了上世紀 90 年代中期，日本企業成為世界 TFT-LCD 工業標準的主導，全球市場份額高達 95%以上。由此可以看出，日本企業的發展液晶顯示技術，積極促進新興產業的戰略，實乃憑藉創造力而制勝矣。他們的經驗是值得中國企業領導者們借鑒的，中國的企業領導者需遵循孔子之教誨，做到「絕四」，不主觀臆斷，不固執己見，不故步自封，堅持發展和創新。

中國自主研發的立體視頻晶片發佈信息稱：視頻平面轉換技術經過清華大學科研人員的潛心研製，已取得重大突破。未來三年，中國百姓坐在家裏利用紅綠眼鏡和各家都有的平板電視，就可以看立體電視了。另外，中國極大型積體電路製造裝備與成套工藝技術專項，簡稱 IC 電子信息版塊專項，實現 IC 製造新技術新工藝取得了重大突破，支撐中國 IC 產業的技術進步。國人渴望在不久之將來，取代進口。北京的北方微電子公司研製出 12 吋 65nm 柵刻蝕機，北京中科信公司研製的 12 吋離子注入機，經權威機構考覈，技術指標均達到了國際先進水準。上海中微半導體公司研製的 12 吋 65nm 介質刻蝕機出口國家。以上案例充分說明：中國人完全有智慧、有能力學習繼承世界先進科技成果，進行科技創新。

四 繼承與創新

孔子曰：「述而不作，信而好古，竊比於我老彭。」[11]竊：私下，私自。 老彭：人名，商代的賢大夫。

孔子之意是說：一個人只學習傳述舊的文化，不進行創新，只相信喜愛古代知識，好像我私下把自己比做老彭。（彭祖）

子張問善人之道。子曰：「不踐跡，亦不入室。」[12]善人：秉性善良卻沒有學問，沒有知識的人。 不踐跡：不踩著前人的足跡向前走。 入室：即到家了，此指學問、品德修養好的人。

子張：孔子的學生……一天問孔子如何成為善人之道理。孔子說：善人如果不踩著先人的足跡前行，不繼承前人的優秀文化，學問道德很難修養到家。

孔子曰：「周監於二代，郁郁乎文哉！吾從周。」[13]監：同鑒，借鑒。二代：夏、商兩個朝代。郁郁：豐富，繁盛。文：指禮樂制度。

孔子之意是說：周朝的禮樂制度是周天子借鑒夏朝和商朝的禮樂制度，進行增減和修改之後，所以顯得郁郁乎文哉，內容是那麼的豐富和繁盛。孔子於是說：我遵從周朝的禮樂制度，故而曰「吾從周」。

孔子以上之論述，就是講繼承與創新問題。人類社會經過上萬年

---

11 《論語·述而》，頁65。
12 《論語·先進》，頁118。
13 《論語·八佾》，頁25。

發展，由蒙昧時代進入到農耕時代，新石器繼承了舊石器，陶器、鐵器、銅器等先進的生產工具陸續出現，推進了人類社會的文明進步。一代一代的先人們踏著前人的足跡，在承襲先人經驗的漫長過程中，不斷變革與創新，推動人類文明不斷前進。

中國秦王朝雖然只有二世不足一百年的歷史，但秦朝制定了許多制度，到漢王朝建立之後，「漢承秦制」，漢王朝統治時間長達近400年。直到滿族人建立了清王朝，採用了諸多漢人統治之制度，清朝得以延續了二百多年。

繼承前人之先進經驗，再不斷變革與創新，推動人類社會文明與進步。中國早在春秋時期，就出現過改革變法的多位先哲。秦國的商鞅變法，使秦國強大，後統一六國。宋朝的王安石變法，推動了大宋經濟的發展，早在公元 1800 年之前，中國的經濟總量排在世界第一位。有學者把中國宋代稱為近代的開始，如日本的內藤湖南在他所著的《概括的唐宋時代觀》一書中寫道：「中國的中世紀和近代的大轉變出現在唐宋之際，」「唐代是中世紀的結束，而宋代則是近世的開始。」另一位日本學者宮崎市定先生指出：「東洋的近世與宋王朝的統一天下一起開始。」「宋代實現了社會經濟的躍進、都市的發達、知識的普及，與歐洲文藝復興現象的比較，應該理解為並行和等值的發展。」中國的「四大發明」，其中火藥、指南針、印刷術均是在宋代創新而問世的，對世界的科技進步起了非常巨大的推動作用。

新事物中包含一部分合理的舊事物，繼承就是將合理的舊事物保留下來，融會在新事物之中。人類社會發展進步是如此，科學技術發

展進步亦應是同理也。否定一部分舊事物，加以革除、變革，去舊才能布新，才會有新的生命力焉。

五 改革與創新

早在 2500 多年前，中國古代偉大的教育家、思想家孔子提出「子絕四」的理論，對後代中國人改革創新有著十分重要的指導意義。

改革亦可稱為變革，革命。改革的過程，充滿著風險，尤其是政治改革，政權交替，舊的國家政權被推翻，舊的國家機器被摧毀，這往往是要通過革命手段才能獲得成功的。其間，革命黨人要付出極大的生命代價，才有可能獲得最後的勝利。

人類社會發展前進要經過變革或革命，才能打碎舊的國家機器，建立新的國家政權。獲得政權的統治者，開始一個階段都會進行一些改革和創新，促進社會的進步，帶來經濟的繁榮。

中國人民經過 100 多年的英勇鬥爭，無數志士仁人和革命先烈流血犧牲，終於戰勝了帝國主義及其走狗，建立了新中國。新中國成立後，經過 60 多年的改革發展，尤其是近 30 年間，中國改革開放的總設計師鄧小平先生，以偉大的政治家的胸懷和氣魄，提出一系列改革的理論，指導中國共產黨領導中國人民，積極大膽有序地進行改革，首先得到 8 億農民兄弟的熱情支持，實行耕者有其田，極大地解放了 8 億農民的生產力。2008 年，中國政府又決定取消農業稅，破除了幾千年來的舊制度，這是一項偉大的改革與創新。不僅如此，國家又採

取了一系列的惠農政策，幾億農民朋友真是喜上眉梢也。

改革就是解放生產力。只有改革才能破除束縛人民群眾積極性的舊制度，調動人民群眾的積極性和創造性。上世紀直到 1978 年前，中國農村種田大集體，出工不出力，農民被束縛手腳，家庭一點點自留地也不准施自己家積蓄的肥料，否則若被幹部發現就得挨批判，割「資本主義尾巴」。多虧鄧小平先生的英明決策，批准實行「耕者有其田」，億萬農民群眾真心擁護中國共產黨的領導，從而鞏固了中國共產黨的政權基礎。這是中國幾千年歷史上一次最偉大的改革與創新焉！因為這樣的改革涉及 13 億人口的切身利益，實乃世界之前無古人所為也！從此，中國社會已逐步實現「老者安之，朋友信之，少者懷之」[14]

由於近年來中國政府領導者們的不斷改革與創新，使中國的國民經濟建設得到快速的發展，國家實力不斷增強，國際威望日益提高，國際話語權越來越有相當的分量。中國人民在世界舞臺上真正的揚眉吐氣也！這是新中國政府幾代領導人改革創新集體智慧的結晶焉。

在中國幾千年文明歷史的長河裏，銳意改革進取的人為數不少，如商鞅、李斯、吳起、管仲、王安石等政治家，在不同歷史時期提出改革措施，促進了當時社會經濟的發展。世界上英國的資產階級革命，廢除了封建王朝，進行了政治、經濟改革。尤其是蒸汽機和紡織機的發明和使用，極大地促進了英國資本主義經濟的發展，推動了科學技術的進步。

14　《論語・公冶長》，頁 51

列寧曾經指出：「從手工工廠向工廠過渡，標誌著技術的根本變革，……隨著這個技術變革而來的，必然是社會生產關係的最劇烈的破壞，參加生產者的各種集團之間的徹底分裂，與傳統的完全決裂，資本主義一切黑暗面的加劇和擴大，以及使資本主義的勞動大量社會化。」[15]資本主義經濟的發展過程經歷了漫長的科學實踐，提高了勞動生產率，促進了人類文明與進步。但同時也必然發生資本主義的擴張和侵略。

六 實踐與創新

　　子曰：「君子欲訥於言而敏於行。」[16] 訥：遲鈍，此指說話謹慎，小心。孔子之意是說：君子說話應當謹慎，做到敬而無失，恭而有禮。當言則言，不言謂之隱；不當言而言，謂之躁；言不及義，謂之瞽。所以，孔子強調君子應「敏於行」。行即實踐，只言不行不如不言。只會講空話、大話、套話的人，不不實踐，再多的知識也無益於社會經濟發展也。故而孔子要求君子做事需勤奮，行動要敏捷焉。

　　「知識是拿來用的，不是用來飽肚子的，一個實踐比一百個光說不練的理論更有用。如果不去實踐，你將永遠是窮人！」[17]

　　科學技術的進步，都是先人們不懈努力，不斷實踐的結果。這方面的事例非常之多。古代先人們在生產勞動過程中，不斷改進勞動工

15　列寧：《列寧全集·俄國資本主義的發展》第三卷，頁 411。

16　《論語·里仁》，頁 39。

17　彼得·杜拉克：《後資本主義社會》，克裏爾主編：《哈佛名人教程》（呼和浩特市：內蒙古人民出版社，1997 年 12 月），頁 0。

具，每前進一步，都推動了技術創新。中國的四大發明，為世人耳熟能詳，每一項發明，都是先人們辛勤實踐的結果。其間，先人們要反覆探索、多次實驗，付出的心血難以估量。東漢蔡倫發明造紙技術，宋代畢昇等人的三大發明，與先哲們的實踐密不可分也。

近代歐洲人在自然科學方面取得了長足的進步，這與他們的科學實踐精神分不開。18 世紀以後，英國的手工工廠有了精密的技術分工，許多生產過程各道工序已簡化，用機器代替作坊裏的工人手工勞動。這時，湧現出一大批技術熟練的工人技師。1733 年，機械師凱伊發明飛梭織布技術，大大提高了織布效率，促進了紡織技術的變革。1764 年，織工哈格裏夫製造出手搖式紡紗機，用他女兒的名字命名為「珍妮紡織機」。這種紡織機可以同時紡 16 至 18 隻紗錠，但它的缺點是紡出的紗線容易斷。1769 年，阿爾克萊特盜竊了他人的發明，製成了水力紡紗機。1771 年，阿爾克萊特在曼徹斯特建立第一個棉紡織廠，也是英國近代史上第一個工廠。1799 年，工人技師康隆普頓參照珍妮機和水力機的優點，發明了「繆爾」紡紗機，紡織出的紗又細又結實，一次轉動能推動 300 至 400 個紗錠。1875 年，工程師卡特萊特發明了水力織布機，使織布效率提高了 40 倍。英國出現了大規模紡織工廠。

從以上英國紡織技術發展史料可以看出：人類在社會生產勞動過程中，不斷改革，不斷實踐，不斷創新，推動生產技術不斷進步，促進人類文明不斷發展。所以，只有勇於實踐，才能不斷創新，實踐是創新的必由之路也。

恩格斯曾經指出：「資產階級為了發展它的工業生產，需要有探索自然物體的物理特性和自然力的活動方式的科學。」[18]隨之而來的是英國誕生了著名的數學家、物理學家牛頓（1642-1727），他繼承了伽利略的研究成果，試圖把一切物質運動用數學方程序加以表述。

人類社會發展總是前人的發明為後人所傳承。在傳承過程中，不斷實踐，不斷改進，不斷推陳出新。1769 年，土工出身的蘇格蘭機械師詹姆斯・瓦特（1736-1819），在前人發明的基礎上，研製出第一臺蒸汽機；1782 年，他又試製成功聯動式蒸汽機，把單式運動變成旋轉式運動。不久，蒸汽機被歐洲大陸廣泛使用，極大地提高了勞動生產率，促進了歐洲社會之文明。

中國人自古發明了紙張、指南針、火藥、印刷術，為世界科學技術的進步做出了重大貢獻。新中國成立之後，經過錢學森等一批老一代科學家們的艱苦拼搏，「兩彈一星」研製成功，中國人民在國際舞臺上取得了話語權。改革開放 30 多年來，又湧現出一大批技術創新成果。這裏面既有各專業的科學家，如農業專家袁隆平、衛星專家孫家棟等；也有在普通崗位上工作的先進工人，如青島港的孔祥瑞就是全國優秀工人發明家的傑出代表。截至 2011 年初，孔祥瑞經過多年的實踐、探索、創新，共主持完成了技術創新項目 35 個，修舊利廢項目 320 個，節能降耗專案 25 個，為企業創造效益千餘萬元，其中有 6 個專案獲得了國家專利。這就是當代中國工人群體的先進代表們「毋意，毋必，毋固，毋我」創新思維的不斷實踐！偉大哉！

18　恩格斯：《社會主義從空想到科學的發展》英文版導言，《馬克思恩格斯選集》第三卷（北京市：人民出版社，1972 年），頁 390。

七 智力與創新

前文提到孔子「君子有九思」之教誨，世界上幾乎所有的科技成就都是先人們先用大腦提出構想、假設，再作分析、論證，在經過人的大腦反覆思考之後，才轉化成新的科技成果的。可見，人的大腦意識的極大作用，人的大腦也是物質構成的，大腦思考即是大腦物質的活動，大腦似恩，人之靈性發源地也。

人皆有大腦，有大腦就會有思維，有思維就會思考，有思考就有創造。但是即使是相同年齡的人、創造能力也不盡相同。何故？中外許多心理學家、行為學研究專家經過潛心研究，總結出一些有益的理論。

科學研究表明，人的潛能是無窮無盡的。為何有的人具有良好的智力？有的人卻智商低下？美國的股神巴菲特在 11 歲時就買了第一張股票。有的人卻到了 40 歲還空空如也，毫無任何建樹。有的人成才較晚，如比爾・蓋茨大學沒讀完輟學，後來卻成了微軟公司的創始人。人的心智幾乎無異，但是由於內在和外在的因素，對智力產生助力或阻力，對一個人的成長過程很大的影響。

所以，企業領導人要認真研究員工智力的開發，幫助他們排除來自家庭、社會的阻力，克服各種心理障礙，疏導阻塞之環節。「猶如排水溝平常積塞了一些污物，若經雨水沖洗之後，污物被清除又可以順利地排水了。」「同樣的我們每個人消除和環境的障礙，使我們的

創造力更為奔放。[19]

企業人事領導幹部和企業黨支部幹部要做「清潔工」、「清道夫」，誠心幫助員工不斷清除各種污物，疏通被閉塞之心智，開啟智慧之心靈，像孔祥瑞那樣，不斷引發頭腦之風暴，創造優秀之成果，以增強企業制勝力也。

以智取勝，就須開啟智慧之窗。前文論及人的創造力，其實也是講要充分開發人的智力，無智力則無創造力。一個智力低下的人，是不會研製出原子彈的。所以，只有開啟智力之窗，才能提高智慧之能力，亦才能增強創新之動力。

案例：加拿大西安大略大學地球物理系教授羅伯特‧裏納與國外同行合作研究發現富含黃金的岩漿形成機理，揭開了金礦形成至關重要的環節——硫磺之存在。裏納教授研究認為：硫磺的參與有利於提高黃金形成的溶解度，而溶解度對金的形成至關重要。如果有硫磺存在，金在沉積物中的含量可提高 8 倍。這就是裏納教授等人獨特的思維方式，世界上將會發現更多的金礦資源。

企業領導人如何提高智力？方法很多也，其中最主要的是加強學習，獲得知識，增長智力水準。孔子提倡「行有餘力，則以學文。」曾子提出「傳不習乎」。顏回簞食瓢飲，居陋巷，人也不堪其憂，回也不改其樂，而且「聞一知十」。古之先賢這些耳熟能詳的美德令世人稱頌和效法焉。

---

19 克裏爾主編：《哈佛名人教程‧排除創造障礙》（呼和浩特市：內蒙古人民出版社，1997 年 2 月），頁 13。

目前，國內諸多高等學府如北京大學、清華大學、人民大學等校，舉辦各種在職進修班、培訓班，多為實用新知識，使企業老總們受益匪淺，這些大學確實為社會訓練、培養了不少人才

中國企業要提高競爭力，必須依靠企業家自身的智商，制定公司發展戰略，謀劃制勝之道。與此同時，還要積極聘請高端智者，擔任企業智囊，組建智囊組織。

孔子曰：「益者三友，損者三友。友直，友諒，友多聞，益矣。友便辟，友善柔，友便佞，損矣。」[20]便辟：善於裝模作樣，而內心並無誠意。 善柔：善於諂媚奉承。便佞：善於花言巧語。

孔子說：有益的朋友有三種類型，有害的朋友也有三種類型。一種是與正直的人交往，再者是與誠實的人交往，第三是與見多識廣、知識淵博的人交往，是大有好處的。如若與虛偽的人交朋友，與諂媚逢迎愛拍馬屁的人交往，與巧舌如簧、佞語狂言的人交往，是非常之有害的。

程樹德先生在《集釋》一書引（唐以前古訓）皇疏云：「明與朋友益者有三事：，故雲益者三友。又名與朋友損者只有三事，故雲損者三友。一益也，所友得正直之人也。二益也，所友得有信之人也。諒，信也。三益也，所友得能夠所聞解之人也。益矣。上所言三事皆是有益之朋友也。」[21]

---

20 《論語・季氏》，頁 182。
21 程樹德：《論語集釋》，頁 1151。

後人習讀聖賢之教誨，解釋頗多也。程先生引《集注》云：「友直則聞其過，友諒則近於誠，友多聞則近於明。……直者能正言極諫，諒者能忠信不欺，多聞者能識政治之要，人君友此三者，皆有益也。

孔子「三損」之言，程先生在《集釋》中引《音讀》集解：馬氏曰：「便辟，巧關認真所忌，以求容媚。讀辟為避。……善柔馬云注是面柔，是令色也。便佞，……是巧言也。……便，習熟也。便辟謂習於威儀而不直，善柔，謂面從而背毀者也。便佞，謂辯而巧也。上三事皆是為損之朋友也。」[22]

古今中外各國政治家、軍事家都設立智囊團。中國古代春秋戰國時期，各諸侯國為爭奪霸主地位，聘用了眾多智謀之士。其中如戰國時期的齊國宰相孟嘗君，疏財聚人，以養謀士著稱。他聘用了門人食客，幫助他治國理政。司馬遷《史記·孟嘗君列傳》記載了馮諼客孟嘗君的故事，至今耳熟能詳。這樣的事例非常之多也。

當今的美國可謂擁有龐大的智庫群僚，作為美國總統治理國家的謀士。如美聯儲是美國的智庫，蘭德公司、高盛公司、孟山都公司等一大批打著企業旗號的公司，無一不參與美國的國會議政。就連谷歌公司也是美國政府的政治幫手。前文提到的澳大利亞力拓、必和必拓公司的鐵礦石定價大權實際上被美國的高盛公司所操縱，而且他們和日本三井株式會社財團的利益是相一致的。而中國的中鋼協對此可能事先並不知曉，因此，遭到 7000 億元的損失。由此可見，中國的競

22　程樹德：《論語集釋》，頁 1150、1151。

爭對手是個龐大的資本帝國主義財團體系，他們在對中國的態度上，認識相同，步調一致，利益相通，共同策劃加害中國的企業矣。

中國企業尤其是國有大中型企業，必須成立智囊庫，聘請各種專家、學者，為國家發展和企業進步謀劃競爭制勝之道。而且，無論是政府的智庫，還是企業的智庫，領導者都須認真聽取他們的意見，擇其善者而從之。美國鋼鐵大王卡內基先生為我們提供了很好的經驗。

企業智囊的作用，卡內基先生說：「一位大心理學家曾經說過，沒有兩個不同心智在互相默契之後，不會因而產生第三個心智，其力量要比原來兩個單獨心智力量相加大得多。」[23]群體心智，眾人智慧，善於合謀者必勝也。

一粒種子增值不多，無數顆種子播撒下地，在精心管理後，會增殖繁衍無窮多。人的智力亦應如此，所謂「一生二，二生三，三生萬物」，這就科學發展的規律。中國古語云：三個臭皮匠，賽過一個諸葛亮也。

1＋1＝2 這是數學計算的結果，毋庸置疑。但是人的智慧相加，如 1＋1＞3，也就是說，兩個人或幾個人的大腦所產生的智慧絕不是簡單的相加，許許多多的科學實驗證實，團隊成員集體智慧所產生的巨大力量是無法估量的。

眾人拾柴火焰高，即是講做事情必須依靠群眾。毛澤東先生早在

23　克裏爾主編：《哈佛名人教程》（呼和浩特市：內蒙古人民出版社，1997 年 12 月），頁 506。

抗日戰爭時就曾經指出：革命戰爭是群眾的戰爭，只有依靠群眾才能進行戰爭，只有動員群眾才能進行戰爭。[24]

現今，中國發展速度確實令世界刮目相看。GDP 總量位居世界第二，引起以美國為首的資本帝國主義者們嫉恨、緊張，甚至於恐懼，詛咒聲不絕於耳也。今年 3 月 3 日至 3 月 4 日，美國財長蓋特納連續兩次警告說：如果美國停止對世界銀行和類似機構的支持，中國將會控制非洲和其它發展中國家。在這樣的國際大環境下，發展經濟建設，確實阻力非常之大矣。如之何？既要有戰略，更要有策略。依靠國人之智慧，尤其是精英智囊之「金點子」，應對各種挑戰焉。

卡內基先生說：「智囊團原則並非一項人為的原則。它是自然偉大定律的一部分，就像萬有引力定律一樣，是永恆不變的。」「有人會說知識就是力量，但是他只說了一半的真理。因為知識只是潛在的力量。只有當它經過組織，並且透過一定的行動加以表現之後，知識才能變成力量。……」卡內基還說：「知識並非力量。汲取並運用別人的知識及經驗已達成一項特定的目的，這才是『力量』。不僅如此，它是好處最大的力量。」[25]

案例：

明光浩淼消防科技有限公司是個家族式的民營企業。早在 2004 年前，當時還是個校辦工廠。為了企業的生存和發展，這個校開工廠

---

24 毛澤東：《毛澤東選集》第一卷，頁 1。
25 克裏爾主編：《哈佛名人教程》（呼和浩特市：內蒙古人民出版社，1997 年 12 月），頁 506。

的領導人就聘請了上海消防行業的幾位技術專家擔任顧問，指導新產品研發。2004 年企業改制，不久成立了消防科技發展有限責任公司。在「十一五」期間，該公司領導人積極宣導「多位朋友多條路，沒有朋友無出路」的理念，先後聘請了正直、誠實、多聞的 10 多位技術專家和經營管理人才，組成新的智囊團，為企業的發展獻計獻策。前文已敘述過該公司近幾年的技術研發投入情況，可以看出，企業聘用高智商的專家學者組成團隊的重要意義。

本章小結

本章共 7 節。主要論述企業要想在競爭中取勝，必須大力創新。在 2500 多年前，偉大的孔子就告誡「子絕四：毋意，毋必，毋固，毋我。」 這即為孔子提倡門人思想不能保守，不要故步自封，更不要固執己見，要敢想，要不斷學習新知識，要善於繼承先人之成果，要勇於實踐，不要唯我獨尊。尤其是現代企業領導者，更需充分利用智力資源，積極開發新的專利技術產品，用智慧財產權提升企業的競爭力和制勝力。

結論與建議

APPENDIX

結論

1 儒學是中國國學之寶典，孔子是儒家學派創始人，《論語》是中國儒學第一書。

2 仁愛是儒學的核心思想。仁者必有德，有德者必有人，有人者「譬如北辰居其所而眾星共（拱）之」。故而仁者必得天下也。

3 儒家雖積極宣導仁義禮智信，但絕不贊成清心寡欲，不求財富，不欲高貴；相反，孔子提倡積極的富貴觀，反對不以正道取得財富，否則「不處也」，提倡以正道求得富貴。重溫孔子之教誨，澄清千百年來世人對儒家思想理論之誤解。

4 《論語》積極宣導領導者要做仁者、知（智）者、勇者。而仁者不憂，知者不惑，勇者不懼。要做「君子儒」，勿做「小人儒。」「君子無所爭。……其爭也君子。」

5 中國人民遵循孔子先哲之教誨，以勤勞勇敢著稱於世。自1840 年起，外國侵略者對中國發動了多次侵略戰爭，瘋狂地掠奪中國的資源，屠殺善良的中國人民，他們罪行累累，罄竹難書也。有侵略就有反侵略，近百年來，中國人民開展了不屈不撓的反對外國資本帝國主義者及其走狗的鬥爭，贏得了抗日戰爭和人民解放戰爭的偉大勝利！1949 年 10 月 1 日新中國誕生！充分說明：仁者無敵也！

6 新中國成立 60 多年來，面臨世界新資本帝國主義者的種種強權霸道，使得中國經濟建設處在非常困難的環境下，既要和外

國資本主義者打交道，又要處理國內眾多矛盾，既有天災也有人禍。中國共產黨中央領導者是仁者、智者、更是勇者；中國人民亦是「能好人，能惡人」者也。在紛繁複雜的國內外競爭異常激烈的環境下，積極宣導學習國學，用孔子《論語》的偉大思想清除國人之私累，開啟民族之智慧，增強競爭制勝力焉！

建議：

1. 國家中央政府教育部門要制定國學教育大綱，大力普及國學尤其是儒學之教育，從小學抓起，直到中學、乃至於大學裏無論是文科、理科都須灌輸國學思想，普及國學教育。否則，中國後代子孫們不知孔子、老子、莊子也，後之國人子孫將無優秀的傳統文化積澱起來的國魂焉。

2. 中國共產黨要堅持「為政以德，譬如北辰居其所而眾星共之」。老黨員要學習更新，尤其是近 20 年入黨入伍的人，幾乎都是「文革」後參加黨組織的，他們很少受過國學教育，組織上入了黨，思想上卻沒有完全入黨，這大概就是 22 年來反腐敗成效甚微之主要原因吧。這樣的黨員何談為人民服務？何談競爭制勝？

3. 本人年已逾古稀，生命日短矣，但仍需堅持讀書學習，從心所欲，不逾矩，並結合企業之發展，不斷求索新知，直至無視、無觀、無察，呼吸停止也。

2011 年 6 月 22 日於北京方莊鑫源國際寓所

參考文獻

APPENDIX

程昌明譯注：《論語》（太原市：山西古籍出版社，2001 年 6 月）。

程樹德：《論語集釋》（北京市：中華書局，2008 年 2 月）。

澀澤榮一編著，王中江譯：《論語與算盤》（南昌市：江西人民出版社，2007 年 1 月）。

南懷瑾：《論語別裁》（上海市：復旦大學出版社，2008 年 5 月）。

李澤厚：《論語今讀》（北京市：生活、讀書、新知三聯書店，2008 年 2 月）。

安德義：《論語解讀》（北京市：中華書局，2007 年 7 月）。

樓宇烈：《十三堂國學課》（北京市：北京大學出版社，2009 年）。

楊伯俊譯注：《孟子譯注》（北京市：中華書局，2008 年 3 月）

王國軒等：《四書》（北京市：中華書局，2007 年 1 月）。

舒大剛編著：《墨子的智慧》（北京市：中央編譯出版社，2008 年 4 月）。

方爾加：《儒家思想講演錄》（北京市：東方出版社，2008 年 2 月）。

馮友蘭：《中國哲學史》（北京市：生活、讀書、新知三聯書店，2007 年 5 月）。

勞思光：《新編中國哲學史》（桂林市：廣西師範大學出版社，2007 年 6 月）。

馬克思恩格斯：《資本論》（北京市：中央編譯局、人民出版

社，1973 年 4 月）。

列寧：《列寧專題文集》（北京市：中央編譯局、人民出版社
2009 年 12 月）。

毛澤東：《毛澤東選集》（北京市：人民出版社，1977 年 4
月）。

彼得 F 德魯克：《得魯克管理學》（北京市：東方出版社，
2009 年 8 月）。

傑克韋爾奇：《贏》（北京市：中信出版社，2007 年 9 月）。

郎咸平：《新帝國主義在中國》1、2 冊（北京市：東方出版
社，2010 年 5 月）。

許定：《戰略管理與創新》（北京市：北京國發啟明商學院，
2010 年 10 月）。

劉冀生編著：《企業戰略管理》（北京市：清華大學出版社，
2010 年 4 月）。

徐斌編著：《創新頭腦風暴》（北京市：人民郵電出版社，2010
年 5 月）。

翦伯贊主編：《中國史綱要》1、2 冊（北京市：北京大學出版
社，2009 年 2 月）。

柏楊：《中國人史綱》（西安市：陝西人民出版社，2009 年 7
月）。

馬玉琴等編：《二十五史》（延吉市：延邊人民出版社，2001
年 11 月）。

高紅敏：《比爾蓋茨給青年的 9 個忠告》（臺北市：臺灣海鴿文
化圖書出版公司，2006 年 7 月）。

楊樂：《西點軍校給青年的 16 個忠告》（臺北市：臺灣海鴿文化圖書出版公司，2007 年 5 月）。

任法融：《道德經釋義》（北京市：東方出版社，2009 年 12 月）。

克裏爾主編：《哈佛名人教程》（呼和浩特市：內蒙古人民出版社，1997 年 12 月）。

魯洪生：《讀懂周易》（北京市：中華書局，2008 年 7 月）。

倪世和：《論語與商道》（南昌市：江西人民出版社，2010 年 6 月）。

後 記
POSTSCRIPT

　　我雖已年逾古稀，為了彌補知識之不足，近年來先後在北京大學華夏儒商學院，啟明工商管理學院學習中國國學和企業管理知識。其間，聆聽了北京大學哲學系湯一介、樓宇烈、李士龍、張祥龍、歷史系的王中有、鄧小南、羅新及人民大學羅安憲、首都師範大學魯洪生、首都經濟貿易大學徐斌、上海交通大學的許定、胡進、南京大學徐小躍、臺灣臺北大學的王小波、傅佩榮等數十位教授學者的精彩演講，使我受到一次新的啟蒙教育。短短三年時間裏，所學的知識大大超過「文革」前十多年所學知識之總和，並且獲得了許多新的知識和理論。

　　我在北京大學哲學系教授、博士生導師魏常海老師的親切指導下，於去年 6 月份由江西人民出版社出版發行了《論語與商道》一本小冊子。今年初，結合不斷深入學習《論語》，聯繫中國企業經營管理之情況，尤其是中國人在與外國人做生意過程中，出現諸多問題，如 2009 年的「輪胎特保案」，在美國人起訴中國之後，中國商務部派出數名人員去美國打官司，結果一敗塗地，不僅招致巨大的經濟損失，且影響國家之聲望。

　　我時常在想：中國是泱泱近 14 億人口之大國，為何在國際上做

買賣常常吃敗仗，輸給外國人？原因何在？故我反覆研讀孔子之《論語》，從中領悟到諸多競爭制勝之謀略。中國人是君子，是仁者，仁者無所爭，其爭也君子。所以，我經過審慎思考，決定用《論語與制勝力》為題，寫了此篇論文。

在論文寫作過程中，得到相關學者的指導。……論文中有關圖片資料，由明光浩淼消防科技有限公司的網路工程師秦祥說明搜集、整理、排版；論文中的智慧創意、信息傳遞策劃示意，由浩淼公司的徐超工藝美術師創新設計；論文排版複印裝訂由浩淼公司的秦祥、李鑫幫助完成；論文摘要翻譯成英文，由浩淼公司國際部的楊微雨小姐完成，浩淼公司副總經理倪紅豔女士校核；論文最後由浩淼公司黨支部書記邱正國先生審定。在此，謹向上述同志致以真誠的謝意！

由於本人知識水準所限，論文中有諸多不當之處，得到江西人民出版社編輯翦新民先生的認真校訂，深表謝意！本人定將繼續堅持學習，遵從孔子之教誨，努力做到「毋意，毋必，毋固，毋我」也。

2011 年 7 月於北京方莊鑫源國際寓所完稿

昌明文庫·悅讀國學　A0602006

《論語》智慧與致勝力

作　　　者　倪世和
責任編輯　蔡雅如

發 行 人　陳滿銘

總 經 理　梁錦興

總 編 輯　陳滿銘

副總編輯　張晏瑞

編 輯 所　萬卷樓圖書股份有限公司

排　　版　菩薩蠻數位文化有限公司

印　　刷　百通科技股份有限公司

封面設計　菩薩蠻數位文化有限公司

出　　版　昌明文化有限公司

桃園市龜山區中原街 32 號

電話 (02)23216565

發　　行　萬卷樓圖書股份有限公司

臺北市羅斯福路二段 41 號 6 樓之 3

電話 (02)23216565

傳真 (02)23218698

電郵 SERVICE@WANJUAN.COM.TW

大陸經銷

廈門外圖臺灣書店有限公司

　　電郵 JKB188@188.COM

ISBN 978-986-94919-6-9

2017 年 7 月初版

定價：新臺幣 320 元

如何購買本書：

1. 劃撥購書，請透過以下郵政劃撥帳號：
   帳號：15624015
   戶名：萬卷樓圖書股份有限公司

2. 轉帳購書，請透過以下帳戶
   合作金庫銀行　古亭分行
   戶名：萬卷樓圖書股份有限公司
   帳號：0877717092596

3. 網路購書，請透過萬卷樓網站
   網址 WWW.WANJUAN.COM.TW

大量購書，請直接聯繫我們，將有專人為您
服務。客服：(02)23216565 分機 10

如有缺頁、破損或裝訂錯誤，請寄回更換

國家圖書館出版品預行編目資料

《論語》智慧與致勝力 / 倪世和著.-- 初版.--

桃園市：昌明文化出版；臺北市：萬卷樓

發行, 2017.07　面；　　公分.--(昌明文庫. 悅

讀國學)

ISBN 978-986-94919-6-9(平裝)

1.論語　2.研究考訂

121.227　　　　　　　　　　　106011169

本著作物經廈門墨客知識產權代理有限公司代理，由江西人民出版社有限責任公司授

權萬卷樓圖書股份有限公司出版、發行中文繁體字版版權。